산티아고에
비가 내린다

산티아고에
비가 내린다

박지호 지음

예담

리얼리스트가 되자.
그러나 가슴속에는 불가능한 꿈을 꾸자.

버렸던 꿈들에 날개를 다는 시간

무심히 브라운관을 주시하다가 번개라도 맞은 듯 자세를 바로했다. 익숙한 풍경 하나가 스쳐지나가고 있었다. 앵커가 "세계문화유산 '마추픽추'에 폭우가 내려 주민들이 생활의 터전을 잃을 위기에 놓여 있습니다"라는 급박한 멘트를 쏟아냈다. 그러나 나를 긴장시킨 건 '저를 어째' 따위의 연민이 아니었다. 지구 반대편의 호들갑과는 달리 카메라렌즈를 깊게 쏘아보고 있는 그들의 눈빛, 바로 그 강렬함이었다.

그러고 보니 최근에 저 비슷한 눈빛을 본 적이 있다. 아이티 대지진 당시, 현지에서 보내온 여행작가의 사진 속에서도 비슷한 눈빛을 발견하고 전율했다. 잔인한 현실 앞에서 '일상이야말로 강하다'는 진리를 총천연색 사진으로 웅변하고 있던 라틴아메리카 사람들의 무심한 미소.

그렇다. 수백년 전, 서구인들에 의해 발견 '된' 이래 고난의 역사를 헤쳐오면서도 생명력을 한 번도 포기한 적이 없었던 그들의 낙천성은 직접 체험해보지 않고서는 절대 알 수가 없다. 쇠사슬에 발이 묶인 채 하루 18시간의 노동에 시달리면서 창조해낸 흑인 노예들의 '속사포와도 같은 현란

한 스텝', 삼바처럼……. 한동안 잊고 있던 아득한 기억이 느닷없이 솟구
쳐올랐다.

"그것 참 지겹기도 하다."

누구라도 한 번쯤은 되뇌어보았을 그 멘트를 그 시절 나는 일주일에 수
십 번 이상 되씹고 있었다. 실수투성이의 초년병 시기를 돌파한 직장생활
은, 이제 익숙함을 넘어 '매너리즘'의 터널로 돌입한 지 오래였고, 나는
좀체 탈출구를 발견하지 못한 채 긴 한숨만 끝없이 내뱉고 있었다.

동시대를 살고 있는 당신이라면 분명 알고 있을 것이다. 지금, 21세기
초엽을 한참 지나친 한국사회를 살아간다는 것이 얼마나 버거운 행위인
지를. 88만원 세대다, 리먼사태다, 신자유주의 경제체제가 속절없이 허물
어지면서 우리에게 강요되는 길은 둘뿐이다. 남을 짓밟는 치열한 생존경
쟁에 몰두하거나, 진저리나는 매너리즘의 일상을 간신히 견뎌내거나. 지
나치게 '다이나믹'해 종종 사람의 진을 빼곤 하는 대한민국을 떠나고 싶

다는 탄식이 쌓이고 쌓여 곰삭은 냄새가 풀풀 풍겨날 즈음 오래된 일기 속에서 발견해낸 가브리엘 마르케스의 한 마디는 명령과도 같았다.

"라틴아메리카와 카리브해에서는 그 어떤 일도 벌어진다."

그래, 떠나자. 왕가위가 사십 평생 '부에노스아이레스'의 향취를 꿈꾸다 결국 장국영과 양조위를 대동해 지상 끝 서글픈 사랑을 완성한 〈해피 투게더〉의 현장으로. 마누엘 푸익이 전복적이면서도 농염한 상상력을 앞세워 《거미여인의 키스》를 완성했던 대륙으로. 그리고 무엇보다도 어설픈 청년 에르네스토 게바라를 "우리 세기에 가장 성숙한 인간^{사르트르}" 체 게바라로 거듭나게 했던 희망과 변혁의 땅으로. 그래서 한 살 두 살 나이를 먹어가면 자연스럽게 도달하리라 믿었던 '어른'과는 사뭇 동떨어진 모습으로 흘러가는 나에게 '아직 늦지 않았다'는 기회를 주기 위해서.

그렇게 떠난 100일의 방랑, 길 위에서 마주친 라틴아메리카를 몇 마디 문장으로 요약하는 것은 사실상 불가능하다. 그저 이방인의 상상력을 가

볍게 뛰어넘는 황홀한 풍광과 매혹적인 현지인들의 자태 앞에 시종일관
압도당했다는 말만 덧붙일 수 있겠다. 그곳에는 아직 체 게바라의 초상을
들고 전진하는 사람들이 있는 반면, 저녁 8시부터 새벽 3시까지 만찬을
즐기며 탱고의 짜릿한 세계에 몰두하는 사람들도 있다. 피노체트의 군사
쿠데타 당시 철모를 쓰고 저항하다 폭사한 아옌데 대통령을 여전히 추모
하는 사람들이 있는가 하면, 보사노바의 포근한 선율에 파묻혀 1년 내내
따사로운 햇살 아래 인생을 즐기는 사람들도 있다. 이과수폭포의 웅장한
고함과 리우데자네이루의 양팔 벌린 그리스도상의 애잔한 눈망울까지,
라틴아메리카는 말 그대로 상상, 그 이상의 곳이었다. 얄팍한 선입견을
산산조각 낸 다음 가볍게 용해해버리는 거대한 용광로와도 같은 이 대륙
앞에서 나는 내내 그저 끌려 다녔다.

　특히 남미 사람들의 강인한 생명력과 낙천성! 그들은 즐거운 일이 넘쳐
서 웃는 것이 아니라, 생명 있는 자의 권리로 웃었다. 안락한 삶이 주어져
서 행복한 것이 아니라 끊임없이 도전해볼 '오늘'이 주어지기에 행복해

했다. 어제를 잊지 않았으되 어제에 사로잡혀 있지도 않았다. 그들은 척박한 안데스 산중에서도 희망을 찾아냈고, 폐허로 무너져내린 현장에서도 원망보다 시간을 따라 묵묵히 걷는 인내를 앞세웠다. 지구 반대편의 작은 나라 한국에서 터무니없이 덧씌웠던 온갖 환상, 연민, 편견쯤은 가볍게 무시한 채 그들은 생생하게 살아가고 있었다.

《산티아고에 비가 내린다》의 마지막 탈고를 하면서야 비로소 깨닫는다. 나는 여태 남미여행을 끝내지 못하고 서성대고 있었구나. 언제나 꿈인 듯 생시인 듯 가뭇한 그곳. 차마 덮지도 열지도 못한 채 먼지만 켜켜이 쌓여가는 추억들을 당신과 나누면서 비로소 여행을 마친 기분이다. 당신은 이 책에서 '뉴욕'과 '파리'를 여행하는 것과는 정반대의 의미에서 (별로 마음에 드는 표현은 아니지만) '시크' 하면서도 '핫' 한 새로운 여행의 즐거움을 발견하게 될 것이다. 지금 당신에게 정중히, 하지만 단호하게 이 기나긴 여행길을 함께 걸어보자며 손을 내밀 수가 있어서 얼마나 다행인지 모르겠다.

자, 준비 되셨는가? 이제 출발이다.

Contents

★ Cordoba, Argentina

혁명가의 고향, 코르도바

체 게바라의
〈모터사이클 다이어리〉를 따라서

　왜 하필 라틴아메리카였을까? 난 이 거대한 대륙에 대해 백지와도 같은 얄팍한 지식만 갖고 있을 뿐이었다. 고등학교 지리시간에 배운 팜파스Pampas라는 대평원, 한국이 최초로 FTA를 체결한 국가 칠레(세상에서 가장 긴 나라라지?), 요시모토 바나나의 《남미와 불륜》이나 마누엘 푸익의 《거미여인의 키스》에서 연상되듯 왠지 농염하고 끈적한 공기, 대학시절 어느 책에서 보았던 글귀 '라틴아메리카는 체 게바라가 가슴 깊이 사랑한 대륙이었다!' …….

　아, 그러고 보니 어쩌면 나를 이곳으로 이끈 결정타는 영화 〈모터사이클 다이어리〉인 것 같다. 어설픈 청년 에르네스토 게바라를 혁

안전한 삶은 퇴보할 수밖에 없다. 과연 나는 저 광야로 나설 용기가 있는가?

명을 꿈꾸는 이상주의자, "우리 세기에 가장 성숙한 인간^{장 폴 사르트르}"
으로 거듭나게 한 거대하고 아름다운 대륙이 보고 싶었다.

아니, 아니다. 그저 아무 것도 몰랐기 때문에 더 절실하게 가보고
싶었다. 뜨거운 대륙, 라틴아메리카.

세상을 바꾸려고 나를 먼저 바꿨다. 길 위에서……

저 멀리 붉은 노을에 곱게 물든 라플라타^{La Plata}강이 이방인에게 잔
잔한 미소를 지어보이고 있다. 도시 경계를 넘자마자 산자락이라고
는 그 자취도 찾아볼 수 없는 세계 최대의 목초지대 팜파스가 모습
을 드러냈다. 석양 무렵 군데군데 흩어져 풀을 뜯는 소들이 쓸쓸해
보였다. 1년 내내 쉼 없이 벌판을 가로지르는 세찬 바람 탓에 기우뚱
기운 나무들이 황량함을 더했다. 투명한 호수 위에 먹물이 번져가듯
까맣게 물들어가는 하늘을 배경으로 팜파스에 어스름이 깔리고 있
었다. 지금으로부터 50년쯤 전에, 헤드라이트도 없는 낡은 오토바이
'포데로사'에 의지해 이 광활함을 가로질렀을 20대 청년의 심장에는
이 풍경들이 어떻게 담겼을까.

"글을 따라가다 보면 나는 마치 그라나도가 탄 자리에 앉아 모터
사이클을 운전하는 아버지의 등을 껴안고 산과 호수를 함께 여행이
라도 하는 듯한 순간순간을 느낀다. 솔직히 말해 이 글을 읽으면서
나는 청년 시절의 아버지를 더욱 사랑하게 되었음을 고백하지 않을

수 없다. 모험을 열망하며 앞으로 수행할 위대한 꿈을 안고 아르헨티나를 떠난 체 게바라…….(체 게바라의 딸, 알레이다 게바라 마치의 고백)"

'체 게바라' 라는 이름을 호명하는 것만으로 가슴이 벅차오르던 때가 있었다. 그의 이념에 동의하든 동의하지 않든《체 게바라 평전》을 꺼내드는 행위 자체가 곧, 인생의 열정을 대표하는 것으로 받아들여지던 시절이 있었다. 프랑스의 저널리스트 장 코르미에가 펴낸 이 책은 꾸준히 베스트셀러의 자리를 점하고 있다. 인터뷰 때문에 만난 영화감독 김지운은 요즘도 수시로 이 책을 조심스레 꺼내든다고 고백했다.

"〈반칙왕〉을 촬영할 때부터《체 게바라 평전》을 옆에 끼고 살았습니다. 이유는 간단합니다. 물론 그 이상과 세계관을 존중하기도 하지만 '체 게바라만의 삶과 철학' 에 경의를 표하기 때문입니다. 보통 성공이란 걸 거두고 나면 그 자리에 안주하기 마련이잖아요? 하지만 그는 쿠바중앙은행 총재직이라는 안정된 자리를 박차고 나와 볼리비아의 밀림으로 뛰어들었습니다. 안전하지만 퇴보할 수밖에 없는 삶 대신, 위험하더라도 한 단계 더 나아갈 수 있는 모험을 선택한 거죠. 저도 끊임없이 새로운 장르를 탐구하고 싶습니다. 명예든 물질이든 일단 '성공' 에 안주하면 이후의 삶은 아무런 의미가 없을 것만 같거든요. 그것이 매번 이 책을 새롭게 펼쳐드는 이유입니다."

'영원히 살기 위해 죽는다' 는 것은 대체 얼마만큼의 위대함일까.

에르네스토 체 게바라가 어린 시절을 보내며 '모터사이클 다이어리'의 꿈을 키운 아르헨티나 제2의 도시 코르도바로 향했다.

부에노스아이레스가 파리를 뛰어넘겠다는 야망으로 19세기 말에 새롭게 축조된 도시라면, 코르도바는 아르헨티나의 오래된 전통을 담은 도시다. 남미에서도 손꼽힐 정도로 오래된 코르도바국립대학은 특히 세계 최고 수준의 의과대학으로 명성이 높다. 여기에 가톨릭 예수회 수도사들이 곳곳에 건립한 수도원들은 유네스코 세계문화유산다운 유려한 자태를 자랑한다.

코르도바는 또한 '남미의 스위스'로 불릴 정도로 풍광이 수려하다. 드넓은 평지 팜파스가 끝나고 가파른 안데스 산맥이 시작되는 접경지역에 위치해서, 물과 산이 어우러진 아름다운 자연이 돋보인다. 1년 내내 날씨도 따뜻해서 아르헨티나의 대표 휴양지로 꼽힌다.

여행 중 로사리오라는 도시에서 장남 에르네스토를 낳았던 그의 부모들은, 아이가 네 살이 채 되기 전에 코르도바로 이사를 왔다. 평생 그를 따라다녔던 고질병, 천식에 고통스러워하는 장남을 보다 못한 어머니가 전혀 연고도 없는 코르도바행을 결단했다. 코르도바 외곽의 조용한 시골마을 알타그라시아Alta Gracia에서 소년 에르네스토는 따뜻한 어머니의 사랑으로 천형을 극복하고 유쾌하고 해맑은 아이로 자라게 된다.

수십 번도 넘게 갈까 말까 망설였던 알타그라시아 마을. 십여 분 거리에 체의 생가가 있다

기대만큼 깨끗하고 아름다운 동네였다. 공원 등지에서 마테^{Mate}차를 사이좋게 나눠 마시는 사람들이 자주 눈에 띈다. 가죽이나 은으로 만든 항아리 모양 용기에 금속빨대를 꽂아 빨아 마시는데, 빨대 하나로 여럿이 나눠 마시는 것이 아르헨티나의 전통이다. 나그네에게도 선뜻 빨대를 내미는 인심이 뭉클하다. 아르헨티나에서 국민차 대접을 받는 마테차는 체 게바라가 천식을 가라앉히기 위해 틈날 때마다 들이켰던 건강차로 유명하다.

자본주의가 사랑하는 좌익게릴라! 삶은 잔인한 아이러니다

체를 만나기 위해 먼 길을 돌아 코르도바에 도착했는데, 막상 이곳에서의 내 발걸음은 자꾸만 서성였다. 머릿속에서 계속 한 문장이 맴돌았다.

'박물관으로 변했을 체의 생가를 보러 가야 하나, 말아야 하나……'

체 게바라는 현재 '자본주의가 가장 사랑하는 상업화된 저항의 상징'이다. 세계에서 가장 유명한 좌익 게릴라로서 일종의 '문화상품'으로 변해버린 그를 바라보는 일은 언제든 유쾌하지 않았다. 지금 그의 생가에 들러 기념품이나 한두 개 구입하는 행동은 그런 조류에 일조하는 게 아닐까 망설여졌다. 스위스의 '체 시계', 영국의 '체 맥주'를 바라보며 느꼈던 서글픔과 짜증이 뒤섞인 복잡한 감정을 또다

히피 부부를 굽어보는, 수백년 전 이 수도원을 세운 스페인 기사의 동상

어린아이는 모두 혁명가다! 소년 에르네스토처럼 호기심 가득한 저 눈망울

시 느끼게 되지 않을까 두려웠다. "우리에게 이념 따위는 중요치 않다. 체 게바라의 반항적인 이미지만이 유일한 관심이다"라고 내뱉었던 한 광고 제작자의 도도한 목소리를 또다시 듣게 되면 어쩌나 걱정이 쌓여만 갔다.

괜시리 시내 투어에 나서 본다. 아르헨티나를 스페인으로부터 독립시킨 산마르틴San Martin을 기념하는 광장은 때마침 몽우리가 솟아오른 분홍 꽃들과 어우러져 화사한 자태를 자랑하고 있었지만 쉬이 눈에 들어오지 않았다. 남미에서 가장 오래된 건물 중에 하나인 대성당도, 세월의 때가 묻은 예수회 수도원도, 모두 유장한 역사를 자랑하는 건축물들이지만 집중이 잘 되지 않았다.

문득 발걸음을 멈췄다. 사립학교 데안퓨네스Dean Funes School라는 간판이 눈앞에 나타났다. 중산층 가정에서 유복하게 자랐던 체 게바라가 어린 시절 수학했던 곳. 올해 여든여덟 살이라는 노파 로사리오의 회한에 찬 목소리가 머릿속에 떠올랐다.

"저는 에르네스토의 유모였어요. 그는 겉모습만 봐서는 치명적인 병을 앓고 있다는 사실을 전혀 알 수 없을 정도로 활기찬 아이였죠. 그를 무척 사랑했지만 학교에 입학할 즈음 일을 그만둬야 했어요. 그렇게 몇 년이 흘렀죠. 우연히 시내를 걷고 있는데 교복을 잘 차려입은 부잣집 도련님들이 한데 모여 웃고 떠들고 있더군요. 갑자기 제 이름을 부르며 누군가 달려왔어요. '나를 모르겠어요?' 라고 환하게 웃으며 제게 볼키스를 하더군요. 같은 교복을 입은 친구들이 신기한 듯 혹은 못마땅한 듯 쳐다봤지만 전혀 신경 쓰지 않았어요! 그런 아이였답니다. 그는 제게 있어서 '체'가 아니라 언제까지나 '에르네스토'라는 멋진 아이일 뿐입니다."

비바, 체! 비바, 레볼루션!

시내는 넓지 않았다. 이제는 피할 곳도 없다. 그의 생가 쪽으로 발걸음을 돌렸다. 최소한 쿠바 곳곳에 넘쳐나는 '체 게바라 기념품'이나, 그가 사로잡혀 총살당한 볼리비아 정글 한복판에 간판만 꽂아놓은 '체 게바라 성지순례길'과 같은 풍경만은 아니길 바랐다. 그를 상품으로 이용하는 것은 사회주의 국가들도 마찬가지였다.

그의 생가는 무척 호젓한 곳에 위치해 있었다. 크지도 작지도 않은 아담한 단층에 조그마한 정원을 끼고 있는 집. 테라스에 걸터 앉은 어린 게바라의 동상이 가장 먼저 이방인을 맞이했다. 어린 나이답지 않게 먼 곳을 바라보는 눈매가 꽤 날카롭다. 집 안으로 한걸음 들어서니 어머니 품에 안겨 매서운 눈매와는 어울리지 않는 해맑은 미소를 짓고 있는 색 바랜 흑백사진이 보였다. 그 뒤로 긴 휴식을 취하고 있는 포데로사의 날렵한 모습이 시선에 잡혔다.

"아르헨티나 땅에 발을 디뎠던 그 순간, 이 글을 쓴 사람은 사라지고 없는 셈이다. 이 글을 다시 구성하며 다듬는 나는 더 이상 예전의 내가 아니다. '우리의 위대한 아메리카 대륙'을 방랑하는 동안 나는

혁명가의 고향, 코르도바

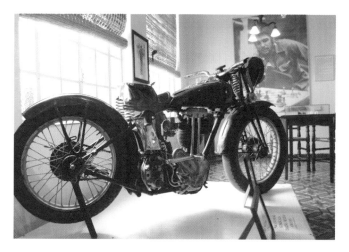

체의 오토바이 '포데로사'는 이제 멈춰섰다. 딸을 안고 미소 짓는 사진 속 체처럼……

생각보다 더 많이 변했다.(《모터사이클 다이어리》 중에서)"

흑백사진 속 게바라에게서 평생 그를 따라다녔던 천식의 어두운 그림자를 찾기란 불가능했다. 그는 이미 네 살 때부터 허리가 반으로 접힐 정도로 쉴 새 없이 기침을 해댔다고 한다. 태어났을 때부터 언제 죽을지 몰라 부모들이 노심초사를 멈춘 적이 없을 정도로 허약했다. 코르도바에서 출발해 칠레와 페루를 거쳐 콜롬비아에 이르기까지 육로로 여행하면서도 아드레날린과 호흡기를 손에서 놓은 적이 없을 정도로 천형을 끼고 살았다.

하지만 어머니의 휴머니즘 아래서 그는 '편견이 없는 멋진 청년'으로 자라났다. 그를 "기침을 멈추자마자 곧바로 새로운 호기심을 찾으러 집안을 휘젓고 다니던 소년"으로, "아무도 거들떠보지 않는 나와 같은 천한 사람들에게도 스스럼없이 다가와 책을 빌려주던 따뜻한 사람"으로 추억하는 유모 로사리오의 목소리는 애잔하게 떨렸다.

가엘 가르시아 주연의 영화로도 유명한 남아메리카 여행수기 《모터사이클 다이어리》 속에서 체 게바라는 조용히 읊조린다.

"세상을 바꾸기 전, 나를 먼저 바꾸는 계기가 된 여행이었다."

밖으로 나오니 문 앞의 어린 게바라가 날카로운 눈매로 여전히 먼 곳을 바라보고 있다. 더 넓은 세상으로 나가기 전, 위대한 일을 앞둔 모험가의 눈망울이 불타오르고 있다.

비바, 체! 비바, 레볼루션!

혁명가의 고향, 코르도바

"리얼리스트가 되자. 그러나 가슴속에는 불가능한 꿈을 꾸자!"

★ Buenos Aires, Argentina

탱고와 축구공, 부에노스아이레스

데카당트 탱고,
절제된 관능이 차갑게 폭발하다

　스무 시간째 같은 풍경이 이어지고 있다. 쓸쓸한 노란빛을 띤 채 끝 간 데 없이 펼쳐져 있는 대평원 팜파스. 20세기 초반 총인구보다 방목되는 소의 숫자가 많은 '세계 5대 부자 국가' 아르헨티나를 가능케 하고, '남미의 파리'를 꿈꾸는 도시 부에노스아이레스의 화려한 비상을 가능케 했던, 바로 그 광대한 원동력 앞에서 나는 넋을 잃었다.

　"보영은 항상 '아휘, 우리 다시 시작하자'며 나에게 왔다. 우리는 함께하다 헤어지기를 자주 반복했다. 우린 다시 시작하기 위해 홍콩을 떠났다. 처음 아르헨티나에 와서는 길도 잘 몰랐다. 그래도 보영이 사 온 스탠드에 그려진 이과수폭포는 보고 홍콩으로 돌아갈 작정이었지만 드넓은 팜파스에서 그만 길을 잃었다.(영화 〈해피 투게더〉 중에서)"

왕가위 감독은 《거미여인의 키스》를 쓴 마누엘 푸익에 열광했다. 《부에노스아이레스 어페어》를 읽고는 '언젠가 꼭 이 도시에서 영화를 찍겠다'고 결심했다고 한다. 누에바 탱고를 완성한 작곡가 피아졸라의 애잔한 음악에 맞춰 부에노스아이레스의 밤거리를 헤매는 두 남자의 서글픈 사랑이야기, 〈해피 투게더〉는 그렇게 탄생했다(왕가위 감독은 마누엘 푸익에 대한 헌정의 의미로 영화의 영어 제목을 '부에노스아이레스 어페어'로 지었다).

보영장국영과 아휘양조위는 이과수폭포를 그렇게나 보고 싶어 하지만 드넓은 팜파스에서 길을 잃고 만다. 나는 지금 꼭 반대로, 그 길을 되짚어 달려가고 있었다.

이과수폭포, 지축을 뒤흔드는 악마의 함성에 갇혀버렸다

'경탄할 만큼 거대하게이수' 쏟아져내리는 '물줄기이구'가 천지를 울리며 사람을 압도한다. 300개가 넘는 폭포 줄기에서 끊임없이 피어오르는 수천 톤의 물방울에 수십 개의 무지개가 쉼 없이 뜨고 진다. '신들의 거처'라 여기며 감히 다가가기를 두려워했다던 그 옛날 원주민들처럼, 장엄한 풍광 앞에 내 발걸음도 얼어붙었다.

탱고와 축구공, 부에노스아이레스

끝을 보아버린 자는 불행하다. 더 이상 꿈꿀 수 없기에……

허공을 향한 질주…… 허공일지라도 뛰어오르고 마는 무모한 젊음

브라질, 아르헨티나, 파라과이 3국의 경계가 맞닿은 곳에 있는 이 과수폭포의 첫인상은 이처럼 명성을 뛰어넘는 강렬한 것이었다. 넓이 5킬로미터, 최고낙차 10킬로미터로 나이아가라폭포, 빅토리아폭포와 더불어 세계 3대 폭포로 꼽힌다.

영화 〈미션〉에서 원주민들이 십자가에 매달린 선교사를 떨어뜨리는 장면을 기억하는가. 엔리오 모리코네의 음악과 함께 더할 나위 없이 장엄하게 묘사된 이 장면의 배경은 '악마의 숨통Devil's Throat'이다. 가장 낙차가 큰 물줄기인 그곳으로 한걸음, 한걸음 발을 옮겼다. 일순간 주위가 조용해지는가 싶더니, 갑자기 엄청난 굉음이 귀를 때렸다. 황급히 고개를 드니 하늘에서 청록색 물길이 하얀 포말로 몽우리진 채 사정없이 쏟아진다. 하얗다 못해 우윳빛에 가깝게 변해버린 압도적인 물, 물, 물의 덩어리들. 허연 물안개에 갇혀버렸다.

대평원의 기이한 정적을 달리면서도 조금 전, 악마의 숨통에서의 굉음이 귓가에서 이명처럼 울렸다. 꿈인지 현실인지, 내가 달려나가는지 뒷걸음질치는지, 현실감을 잃고 몽롱하게 앞을 향해 가고 있었다. 얼마나 달렸을까, 저 멀리 라플라타강을 따라 늘어선 남미의 파리가 보이기 시작했다.

밤이면 탱고를 추고 주말이면 축구공을 차던, 보카항의 그 청년들
작은 탱고바에서 언제 돌아올지 모를 보영을 한없이 기다렸던 아

가르델, 노래를 불러주오. 에비타, 미소를 지어주오. 그리고 마라도나, 사고 그만 치시오

휘의 '불안한' 슬픔이 배어 있는 쇠락한 항구. 보카La Boca항은 시내의 남쪽 방향, 강과 바다가 맞닿은 지점에 있다. 바람에 실려 오는 짠 바다내음에 흐뭇한 미소가 떠오른 것도 잠시, 곧바로 엄습하는 매캐한 시궁창 냄새에 그만 코를 감싸 쥐었다. 19세기 후반에서 20세기 초반을 사로잡았던 그 흥거운 북적거림은 다 어디로 갔는지, 반쯤 물에 잠긴 채 녹슬어가고 있는 대형 화물선과 함께 보카항은 쓸쓸한 웃음을 지어 보이고 있었다.

100여 년 전, 이탈리아와 스페인 등지에서 증기선에 몸을 실었던 수백만 이민자들은 새로운 미래를 꿈꾸며 보카항에 첫 발을 내디뎠다. 그들은 주린 배를 움켜쥐고도 벙글벙글 웃었을 것이다. '아르헨티나 드림'에 들뜬 그들의 젊은 혈기가 그려내는 장밋빛 미래에 취해 있었을 테니까. 저 빨강, 파랑, 노랑의 원색 물결만 봐도 알겠다. 바다를 등진 카미니토Caminito거리의 추레한 판잣집들을 조선소에서 쓰다 남은 페인트를 가져다 색칠하기 시작했던 그들의 매끈한 손놀림은 아직까지 꾸준히 이어져 내려와 여행자의 눈앞에 펼쳐져 있었다.

대서양을 건넌 이탈리아 노동자들 앞에 놓인 것은 하루 종일 조선소와 피혁공장에서 매캐한 공기를 들이키는 생활이었다. 잔인한 꿈의 대가…… 청년들은 밤마다 말쑥한 수트로 갈아입고 거리 곳곳에서 울려나오는 탱고의 선율에 맞춰 스텝을 밟았다. 여자들을 유혹하기 위해서, 꿈과 다른 애달픈 현실을 잊기 위해서.

주말이면 광활한 벌판에 서서 그들의 꿈과 희망을 담은 축구공을 공중으로 쏘아 올렸다. 이탈리아에서 막 도착한 다섯 명의 앳된 청년들이 항구에 정박해 있는 스웨덴 국기를 본떠 노랑과 파랑이 뒤섞인 유니폼도 만들었다. 지금껏 이어져 내려오는 '보카 스피릿'의 시작이었다.

축구는 꿈이고 삶이고 역사다

보카항에서 두 블록 걸어가면 보카주니어스Boca Juniors 스타디움이 있다. 보카주니어스라니! 2000년 인터컨티넨탈컵도요타컵 결승에서 거함 레알마드리드를 격파한 남미 전사들. 축구팬의 심장 박동을 두세 배쯤 빠르게 하는, 축구 인생 대부분을 이탈리아리그에서 보냈던 디에고 마라도나가 "꿈에서라도 단 한 순간도 잊은 적이 없다"고 고백했던, 차라리 전설이라고 불러도 좋을 이름이었다.

스타디움 앞 기념품가게에서는 파랑과 노랑이 뒤섞인 유니폼을 팔고 있었다. 여전히 '이민노동자와 가난한 사람들의 축구팀'이라는 캐치프레이즈를 자랑스럽게 내세우는 보카주니어스는, 공교롭게도 부자들의 축구클럽인 리버플레이트River Plate에 맞서 전쟁과도 같은 100년을 흘려보내며 그 명성을 더욱 높여왔다.

100년 동안 시민구단 형태로 운영되던 보카주니어스에 변화의 바람이 불어 닥친 건 최근의 일이다. 1990년대 들어 라이벌 리버플레

인생 좀 꼬이면 어떠랴, 내 삶엔 축구라는 환희가 있다!

이트는 물론, 하위 팀들에게도 번번이 패배를 맛보는 수치를 겪자 대대적인 수술에 돌입했다. 그런데 아르헨티나 백만장자 출신의 정치인, 마우리시오 마크리Mauricio Macri의 인수라는 의외의 변수로 대변신은 마침표를 찍었다. 세계 최고의 축구클럽이라는 명성은 되찾았지만 일부 아르헨티나인들은 '노동자의 축구팀'이 '백만장자의 축구팀'으로 컬러를 뒤바꾼 사실을 마뜩잖게 생각하고 있다. "백만장자인 당신과 '노동자들의 축구클럽'은 어울리지 않는다"는 민감한 질문으로 인터뷰를 시작했던 내 속셈 또한 여기에 있었다.

보카주니어스, 새로운 오른쪽을 향한 실험을 시작하다

그의 첫인상이 조금이라도 마음에 들었다면, 완벽한 거짓말이겠다. 인터뷰 내내 그의 표정은 차갑기 이를 데 없었고, 백만장자다운 냉담함과 정치인 특유의 고압적인 미소가 흘러넘쳤다. 하지만 그는 지독하게도 무능했던 라틴아메리카의 기존 우파와 철저하게 선을 긋는 새로운 세대의 시발점이다. 새로운 아르헨티나를 꿈꾸는 그의 당찬 포부는 귀 기울여볼 만했다.

포퓰리즘 색채가 강한 집권 페론당에 맞서 개혁약속당을 창당한 마크리는 차기 집권이 가장 유력한 야당 정치인 중 한 사람이다. 시청 앞 광장에 대형 성조기를 들고 나타나는 천박한 한국의 우파처럼, 지금까지 남미의 우파들 또한 국익보다는 철저히 미국의 이익에

탱고와 축구공, 부에노스아이레스

복무하는 나약함을 보여 왔다. 최소한 마크리는 쿠데타를 밥 먹듯이 일으켜 온 피노체트 등 군부 우파들과는 철저히 선을 긋고 있다.

●솔직히 보카주니어스보다는 리버플레이트가 당신과 더 가까워 보입니다.

"그런가요? 하지만 난 누가 뭐래도 뼛속 깊이 보카주니어스 팬입니다. 여섯 살 때부터 보카주니어스 유니폼을 입고 축구장을 드나들었으니까요. '왜 하필 보카주니어스를 좋아하느냐'고 묻는 사람은 이 팀의 축구경기를 한 번도 보지 않은 사람입니다. 보면? 그냥 좋아요(Just like it)! 빠져들죠!"

●보카주니어스는 완벽히 부활했습니다. 돈을 쏟아부은 성과일까요?

"하하, 흔히들 생각하는 것처럼 막대한 돈이 든 건 아닙니다. 사실 보카주니어스는 전 세계에 팬이 산재해 있기 때문에 기념품만 팔아도 수익은 충분해요. 저는 기본을 강조했을 뿐입니다. 프리메라리가와 프리미어리그가 '좀 뜬다' 싶은 남미 선수들을 독식하기는 하지만, 여전히 이곳에는 세계 최고 기량의 선수들이 즐비합니다. 전 그 훌륭한 선수들이 똘똘 뭉칠 여건만 마련해주면 된다고 보았죠."

●부사장으로 영입했던 보카주니어스 출신의 월드스타, 마라도나가 사의를 표명했습니다. 배경이 너무나도 다른 둘 사이에 건널 수 없는 강이 있었던 건가요?

"절대 아닙니다. 그와 저와 관계는 좋아요. 사임의 이유는 개인적인 것입니다. 나는 여전히 그를 최고의 축구선수로 신뢰합니다만, 여기저기 다니면서 쇼걸Show Girl처럼 행동한 것은 유감입니다(그는 '쇼걸'이라는 단어를 발음했다가 곧바로 화제를 돌렸다. 아마도 국민적인 인기를 바탕으로 TV 오락프로그램에도 즐겨 출연하고, 남미정상회의에 참석해 부시를 비난하는 선정적인 연설도 하는 마라도나의 쇼맨십을 좋아하지 않는 듯했다)."

● 기업인, 축구클럽 구단주, 거기에 정치인이라는 타이틀을 덧붙였는데……

"정치에 입문한 이유는 이 나라를 돕고 싶었기 때문입니다. 한때 세계 5대 강국에 속할 만큼 위대한 나라의 국민들이, 지금 낙담해 있습니다. 국민들 사이의 끊긴 커뮤니케이션을 다시 연결할 겁니다. 한국을 포함한 다른 나라들과도 적극적으로 커뮤니케이션하고 싶어요. '위대한 아르헨티나의 부활'을 이뤄낼 겁니다(그는 현재 부에노스아이레스의 시장이다)!"

● 당신에게 축구는 무엇입니까?

"열정을 느끼는 방법(the way to feel passion)! 뒤집어 얘기하면 고통을 즐기는 것이기도 하죠. 솔직히 축구를 보는 과정은 무척 괴롭지 않나요? 경기 내내 심장을 조이는 아슬아슬함과 고통을 견뎌내야 하니까. 하지만 게임이 끝나자마자 또다시 그 고통을 겪게 되길 희망하게 됩니다. 이것이 바로 축구의 매력입니다."

탱고와 축구공, 부에노스아이레스

"나는 새로운 우파다!" 지독하게 무능했던 기존 우파와 선을 긋는 그는, 새로운 실험 중이다

일찍이 진보계열의 한 교수는 "차라리 유럽의 극우파가 한국의 '얼치기 좌파' 정부보다는 백 배 낫다"고 말했다. 새롭게 태동하는 남미 신우파의 선봉이라고 할 만한 그가 힘주어 강조하던 '상식이 통하는 사회', '위대한 아르헨티나의 부활'이 오랫동안 귓가를 맴돌았다.

콧속을 간질이는 좋은 공기, 이제는 탱고의 시간이다!

보카 스타디움 앞에서 100년 전의 아스라한 함성에 귀를 기울이고 있자니 어느덧 해가 뉘엿뉘엿 넘어가기 시작했다. 보카의 밤거리에 어스름이 내려앉는 순간, 길모퉁이에서 애잔한 탱고의 선율이 들려온다. 갈수록 붉어져 가는 기나긴 노을을 배경으로 탱고 스텝을 우아하게 밟는 젊은 남녀의 그림자. 아, 이제부터는 탱고의 시간이다!

탱고에 흠뻑 젖은 채 정신없이 걷고만 있었다. 가끔씩 콧속으로 흘러 들어오는 좋은 Buenos 공기 Aires가 몽롱하게 취한 이방인의 정신을 다잡아 주었다. 보르헤스였던가, "탱고는 라플라타강의 아이"라고 말했던 이가. 탱고의 발상지인 보카항과 잇닿은 산텔모 지구를 걸으면 곳곳에서 절제된 호흡을 뱉어내는 탱고 댄서들과 마주친다.

산텔모 지구는 1870년, 황열병이 이 도시를 덮쳤을 때 부자들이 모두 북쪽으로 이주해버려 폐허로 남았던 장소다. 팜파스에서 쫓겨난 혼혈 가우초Gaucho, 팜파스에서 소를 몰던 아르헨티나의 카우보이들이 폐허로 변한 이곳에 흘러들면서 밀롱가Milonga라는 전통 노래를 갖고 들어 왔다. 잇달아 보카에 자리를 잡은 이탈리아 이민노동자들은 이 경쾌한 무곡에 애잔한 선율을 가미해 탱고라는, 이제껏 그 유래를 찾을 수 없는 격정의 춤을 창조해냈다.

조선소, 피혁공장, 도살장에 둘러싸인 보카 지구를 삶의 터전으로 삼았던 이민 노동자들에게 밤늦게 맥주 한 잔과 함께 누리는 탱고 한 자락은 지친 인생에 크나큰 위안이었으리라. 땀에 절은 작업복을 벗고, 화려한 수트로 갈아입은 채 보카 지구의 밤거리를 활보하던 노동자들. 격정적인 춤을 앞세워 항구의 여자들을 유혹했던 청년들. 여성의 숫자가 절대적으로 부족했던 탓에 뒷골목 으슥한 곳에서 동성 짝을 찾기에 여념이 없었던 슬픈 표정의 사람들. 초창기 탱고에는 이 모든 풍경들이 함께 담겨 때로는 애절하게, 가끔은 비정하게, 결국은 격정적으로 스텝을 밟는다.

절제된 관능, 차가운 열정, 폭발하는 섹슈얼리티

자정이 다 된 시각, 탱고바를 찾았다. 내부는 어두웠고 사람들의 물결로 촘촘했다. 조금씩 어둠에 익숙해질 무렵, 나는 흠칫 놀랐다. 넥타이에 수트를 갖춰 입고, 윤이 나는 검정색 구두로 마무리한 은색 머리칼의 노인들과 어깨가 드러나는 드레스를 입은 채 웃음을 멈추지 않는 한 노부인의 깊은 주름살이 시선을 사로잡았기 때문이다. 똑바로 서는 것조차 힘겨워 보이는 80대 가수가 무대 위에 오르자

거리를 뒤덮는 화려한 군무, 군무, 군무⋯⋯ 부에노스아이레스는 잠들지 않는다

조용하던 객석은 금세 뜨겁게 달아올랐다.

"다정했던 기억, 너는 떠나고 나는 남았네.
너의 손길, 기억, 사랑이 없이 내가 어떻게 살아갈까.
어렴풋한 기억만이 주위를 감도네."

아코디온을 독일식으로 변용한 악기, 반도네온Bandoneon이 쉴 새 없이 흐느낀다. 몽롱한 눈망울의 부에노스아이레스가 아득한 옛날을 회상하고 있다. 미국, 영국과 어깨를 나란히 할 만큼 좋았던 시절, 소 가죽만 벗기고 고기는 땅에 버릴 정도로 풍성했던 그 옛날을 애타게 추억하고 있다. 끝 간 데 없이 추락한 현재의 아르헨티나가 역사상 최고의 탱고 가수인 카를로스 가르델을 흉내내는 모창에 맞춰 과거로 돌아가기 위해 발버둥치고 있다.

가수가 무대에서 내려오자마자 곧바로 격정의 플로어가 이어진다. 1930년대 파리로 수출돼 유럽에서 발달한 콘티넨탈Continental탱고의 우아한 춤사위와는 달리, 아르헨티나 정통 탱고는 거의 90도로 꺾이는 절도 있는 동작이 인상적이다. 끊임없이 남성댄서의 허리에 감기는 여성댄서의 유려한 다리 곡선이 시선을 사로잡는다. 붉은 조명에 흔들리는 댄서들의 매혹적인 표정이 서글프다. 끓어오르는 섹슈얼리티를 속으로 꾹꾹 눌러 담다가 한순간 스텝으로 폭발시킨다. 지금 함께하고 있음에도 끊임없이 이별을 예감하는 서글픈 열정, 절제된

탱고와 축구공, 부에노스아이레스

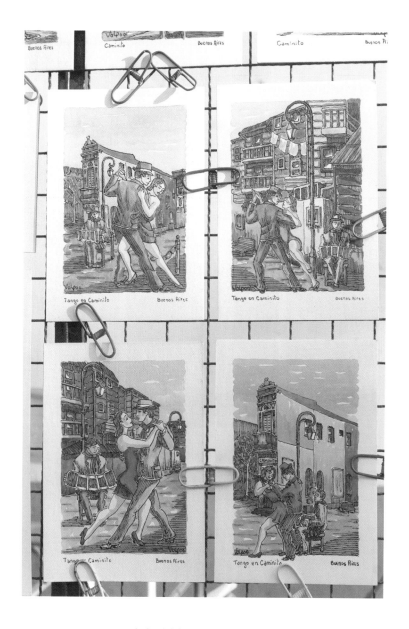

단 하루만이라도, 단 하룻밤이라도 화려한 주인공이 되고 싶은 청년아!

정통 탱고, 비정과 격정이 격렬하게 부딪히며 불타오른다

관능…….

숨막힐 듯한 뜨거운 공기를 더는 참을 수가 없었던 나그네는 그만 밖으로 뛰쳐나오고 말았다. '7월 9일 거리'가 가로등 아래서 음울하게 빛을 발하고 있다. 19세기 말, 스페인의 자취일랑 지워버리고 파리를 능가하는 세련된 도시를 만들겠다며 도시 전체를 뒤집어 엎으며 만든, 세계에서 가장 넓다는 도로가 초라하게 펼쳐져 있었다.

데카당스의 극치, 부에노스아이레스의 밤거리를 걷다

짐을 제대로 풀기도 전에 탱고의 기운을 맛보겠다며 곳곳을 돌아다녔더니 피곤이 하나 가득 밀려 왔다. 뒤늦게 숙소를 잡기 위해 고풍스럽고 아담한 외양의 호텔로 들어섰다. 프런트에서 주인으로 보이는 여든 줄의 할아버지가 미국인 투숙객들을 앞에 앉혀 놓고 일장 연설을 하고 있었다.

"여러 명의 남녀가 함께 한 방에 들어가는 것은 절대 용납할 수 없습니다. 만약 방을 따로 잡을 수 없다면 차라리 저 맞은편 호텔로 가시지요."

이게 무슨 소리인가? 순간 귀를 의심했다. 제4회 국제탱고페스티벌이 열리고 있는 부에노스아이레스 시내에서 숙소를 잡기란 만만한 일이 아니었다. 그나마 방이 몇 개 남았다고 해 어렵사리 찾아간 것인데 주인할아버지는 엄격하게 도덕률을 강의하고 있었다. 남녀

관계는 물론, 세상사를 살아가는 원칙에 이르기까지 1시간은 족히 이어지는 그 훈계를 다 듣고 나서야 입성을 허락하겠단다. 그만 입을 딱 벌린 채 할 말을 잃고 말았다. 지구 정 반대편 도시에서 유교적인 훈계를 듣고 있자니 기분이 묘했다.

이튿날 밤, 우리의 경험담을 접한 아르헨티나 대사관 직원이 너털웃음을 터뜨리더니 느닷없이 팔레르모공원으로 차를 몰았다. 팔레르모공원은 스페인으로부터의 독립을 기념하는 '5월 혁명 100주년 기념탑'이 있는 부에노스아이레스의 대표적인 명소다. 주말이면 연인과 가족들이 한가롭게 햇빛을 쬐며 마테차를 함께 마시는 곳이기도 하다. 그래서 "절대 차 문을 열고 나가면 안 됩니다!"라는 그의 경고가 처음에는 무슨 뜻인지 알 수 없었다.

빠른 걸음으로 걸어도 한 바퀴 도는 데 1시간은 족히 걸릴 듯한 광대한 공원은 희미한 불빛의 가로등이 띄엄띄엄 서 있는 탓에 캄캄한 어둠 속에 잠겨 있었다. 밤 10시가 넘은 시각이었지만 여전히 평온한 낮의 잔상이 남아 있는 듯했다. 자동차 헤드라이트 불빛만이 외로운 수풀을 비추는 공원의 한구석에서 느닷없이 화려한 복장으로 치장한 한 무더기의 금발 여성들이 튀어나오기 전까지는. 순식간에 자동차가 "헤이, 자폰! 컴 온 베이비"를 외치는 야한 미녀들에게 둘러싸였다.

"정말 예쁘죠? 트라베스티Travesti, 복장 도착자라는 뜻의 스페인어들이에요. 트랜스젠더들이 밤마다 호객 행위를 하고 있는 거죠."

탱고와 축구공, 부에노스아이레스

5월 혁명 100주년 기념탑. 이토록 찬란한 햇살 아래 데카당트가 혼재하다니!

춤은 즐거움이요, 벗이요, 동반자요, 인생 그 자체다

엄격한 도덕률 속에 숨죽이고 있던 부에노스아이레스의 데카당스한 얼굴이 어둠을 틈타 고개를 드는 순간이었다.

지워진 차선, 때 묻은 국기, 쇠락한 '남미의 파리'

다음날 아침, 카사 로사다 ^{대통령궁}을 끼고 있는 5월 광장을 시작으로 본격적인 시내 투어에 나섰다. 카사 로사다는 영화 〈에비타〉에서 에바 페론 역을 맡은 마돈나가 구슬픈 목소리로 '돈 크라이 포 미 아르헨티나 Don't cry for me Argentina'를 읊조렸던 바로 그곳이다. 대통령궁에서 국회의사당까지 이어지는 5월의 거리는 아르헨티나 노동자들이 해마다 10월이면 에비타에 대한 애정을 증명하기 위해 행군했던 곳이자, 감옥에 갇힌 페론 대통령을 구하기 위해 팔을 걷어 부친 에비타가 격정적으로 연설을 했던 명소다. 결국 서른넷이라는 젊은 나이에 자궁암으로 세상을 등진 에바 페론은 한 달 동안 차마 발걸음을 떼지 못하고 이곳에서 수만 명의 조문객을 맞았다.

눈이 시리도록 파랗게 펼쳐져 있는 하늘과 잇닿아 있는 5월의 거리에 첫발을 내딛었다. 걷는 도중 작게는 6차선에서, 길게는 8차선까지 거침없이 뻗어나간 부에노스아이레스의 도로망이 끊임없이 시선에 잡혔다.

"1880년대에 스페인식 도시의 자취를 깨끗이 지워버리기 위해 도시 전체를 뒤집어 엎었지. 당시 최첨단 도시였던 파리를 본따 거리

구석구석의 보도블럭까지 모두 갈아 치웠다네. 전 세계 모든 도시들을 압도하는 최고의 모던 시티를 만들고자 했던 것이 당시 아르헨티나 사람들의 소망이었거든."

카페에서 만난 이 친절한 할아버지가 꼭 직접 겪은 일처럼 세세하게 말씀하시는 바람에 찬찬히 나이를 되짚어볼 뻔했다. 1880년대에 이미 도시 전역에 전기가 들어왔고, 모든 거리에 가로등이 불을 밝혔으며, 지하철 건설이 시작됐고, 도시 외곽까지 연결하는 철도망을 갖췄던 곳이 부에노스아이레스다. 심지어 19세기에 이미 경관을 고려해 전봇대를 세우는 대신 전기망과 통신망을 모두 지하에 파묻기까지 했으니 말 다했다. 이후 50년 동안 원래 인구의 2배에 가까운 350만 명의 이민자들이 유럽에서 '아르헨티나 드림'을 품고 바다를 건넜다.

아메리카 대륙 전체에서 견줄 만한 도시라고는 뉴욕밖에 없던 '남미의 파리'의 영광은, 1950년대 이후 사라졌다.

"왜 도로 곳곳에 차선이 없냐구요? 지워진 후에 새로 칠을 못한 거지, 뭐. 간단한 걸 묻고 그래요?"

중간에 잡아 탄 택시 안에서 기사 산티아고가 귀띔한다. 10년 전에는 하루 100달러를 벌었지만, IMF를 맞은 2001년에 20달러로 급전직하했고, 요즘에야 간신히 50달러 수준으로 벌이가 회복됐다는 푸념이 덩달아 귓가를 울린다. 그러고 보니 도시의 주요 건물들마다 잔뜩 때에 찌든 국기가 추레하게 걸려 있는 모습이 새삼 눈에 들어

탱고와 축구공, 부에노스아이레스

왔다. 그 옛날의 영광은 간데없고 지워진 차선과 때 묻은 국기를 방치할 수밖에 없을 정도로 여유를 잃은 나라로 전락한 것이다. 눈을 감은 채 상념에 사로잡혀 있는 동안 어느덧 목적지인 레콜레타묘지 앞에 도착했다.

날 위해서가 아니라 당신들을 위해 기도하라, 아르헨티나여!

'무덤이라기보다는 차라리 조각품들을 잔뜩 늘어놓은 예술공원에 가깝다'는 사람들의 평가는 적확했다. 아르헨티나에서도 이름난 명문가의 후예들만 묻힐 수 있다는 레콜레타묘지는 조금이라도 더 크게, 더 정교하게 자신을 과시하고자 애를 쓰는 무덤들의 경연장이었다. 한 무덤 앞에 서 있는 소녀 조각상의 입 부분에 스산하게 늘어진 거미줄이 아니었다면 이곳이 묘지라는 것을 실감하지 못할 정도였다. 그 한구석에 20세기 중반, 아직 침몰하기 전인 '거함' 아르헨티나를 격변의 소용돌이로 이끌었던 에바 페론, 애칭 에비타가 24년만에 간신히 얻은 쉼터에 조용히 누워 있다.

'부자들의 창녀, 가난한 자들의 성녀'라는 수식어만큼 그녀를 더 정확하게 표현하는 문장이 또 있을까. 가난한 시골마을 농부의 사생아로 태어나, 타고난 미모를 앞세워 삼류영화의 배역을 따내기 위해 수단과 방법을 가리지 않았고, 결국 아르헨티나 최초의 군사 쿠데타 주역이었던 페론 대령의 정부가 되기까지 그녀가 걸어 왔던 역경은

잡초의 혼을 가진 디바, 모피를 두른 성녀…… 에비타는 모순이다

말 그대로 한 편의 영화다. 감옥에 갇힌 페론을 구해내기 위해 대규모 대중연설을 주저하지 않았고, 결국 나이가 두 배나 많은 페론의 두 번째 아내가 된 뒤 스물일곱의 나이에 대통령 영부인이 되는 것에 그쳤더라면 단순한 신데렐라 스토리에 그쳤을지도 모른다. 부통령의 자리에 오를 것을 권유 받았을 정도로 타고난 대중연설 능력을 바탕으로 노동자 권익 보호, 빈민 구제, 여성의 권리 쟁취 등에 적극 나섰던 그녀는 결국 부자들로부터는 극악한 저주를, 노동자들에게서는 성모의 환생이라는 찬사를 받으며 전설의 위치에까지 올라선다. 언제나 그렇듯이 신화는 결국 죽음으로 완성된다. 서른넷의 나이에 척수백혈병과 자궁암으로 쓰러져 버린 그녀와 함께 에비타가 그토록 사랑했던 조국, 아르헨티나 또한 끝없는 추락의 길로 접어들고 말았다.

역사를 통틀어 봐도 에비타만큼 찬반 논란에 휩싸였던 인물을 찾기란 그리 쉽지 않다. 혹자는 아르헨티나의 몰락을 '노동자들에게 당근을 주기에 바빴던 페론 정부의 포퓰리즘' 탓으로 돌린다. 덧붙여 무더운 여름에도 모피코트를 잊지 않았던 에바 페론의 사치스러운 생활을 들어, 그녀가 가난한 사람들을 동정한 것은 악어의 눈물일 뿐이라고 비판하기도 한다. 하지만 또다른 사람들은 그녀에게 장기적인 정책 마인드는 부족했을지언정 빈민들의 아픔이 담긴 편지를 직접 읽고 눈물을 흘리던 그 진정성만큼은 진실이었다고 옹호한다.

무덤 정면에 덕지덕지 붙어 있는 그녀의 젊을 적 사진들이 없었다면 그냥 지나칠 뻔했다. 무덤은 의외로 평범했다. 사후 50년이 지난 지금까지도 그녀를 기억하고 있는 가난한 지지자들이 A4 용지에 거칠게 복사해 놓은 흑백사진들. 문득 그녀의 죽음을 표제기사로 다룬 미국 잡지 〈라이프〉의 표지 사진이 머릿속을 스치고 지나갔다. 수천 명의 사람들이 침통한 표정으로 그녀의 관을 둘러싸고 있는 가운데 누더기 차림으로 구부정하게 서서 애달프게 눈물을 흘리고 있는 80대 노파의 실루엣. 아르헨티나의 빈민들이 모피를 입은 성녀, 에비타를 자신들의 여신이자 이상향으로 동경하고 사랑했다는 사실을 이보다 더 자세히 보여주는 사진이 또 있을까.

레콜레타묘지에서 30분 거리인 에바 페론 박물관으로 자리를 옮겼다. 소낙비가 죽죽 내리는 오래된 흑백영화 속에서 20대의 에바는 큰 눈망울, 서늘한 콧날, 반달형으로 우아하게 벌려진 입으로 화사한 웃음을 흘리고 있었다. 화면이 바뀌자 수만 명의 군중 앞에서 격정적으로 연설하는 30대의 에비타가 그 모습을 드러냈다. 노동자들이 더는 투쟁하지 않아도 되는 미래를 위해 힘차게 나아가자는 당찬 선포를 하는 에바가 왠지 서글퍼 보였던 건 비참한 이후의 인생 행보를 이미 알고 있는 이방인의 선입견 탓이었을까.

암 선고를 받은 뒤 에바 페론은 마지막 연설을 하기 위해 대통령궁 테라스에 섰다. 앤드류 로이드 웨버의 뮤지컬 〈에비타〉에서의 그녀는 "아르헨티나여, 나를 위해 울지 말라"며 조용히 읊조렸지만, 실제 흑백화면 속 에비타는 슬픔과 절망을 참지 못한 채 잔뜩 흐느끼고 있었다.

"나를 위해서가 아니라 페론을 위해, 아니 당신들을 위해, 무엇보다 서츠를 입지 못한 노동자들을 위해 하나님께 기도해주세요."

사생아로 시작된 에바 페론의 고단한 여정은 34년으로 끝나지 못했다. 그녀의 명망을 두려워한 쿠데타 세력은 동상을 비롯한 각종 기념물을 철저히 파괴하더니, 결국 무덤 속의 에바를 파헤쳐 머나먼 이탈리아 땅으로 내팽개치고 말았다. 에비타는 24년만에야 고국으로 돌아와 간신히 쉴 곳을 찾았다. 스산한 세월을 침묵 속에서 묵묵히 견뎌온 그녀는 지금 무덤 속에서 어떤 생각을 하고 있을까.

'남미의 파리'를 꿈꿨던 부에노스아이레스의 하루가 저물어 간다

★ Santiago, Chile

흑백필름 속의 기억, 산티아고

산티아고에 내리는
비는 그쳤는가

　"9월 11일을 기억하라! 라 모네다La Moneda. 대통령궁에서 스러져간 살
바도르 아옌데Salvador Allende를 기억하라!"

　의도한 건 전혀 아니었다. 눈 덮인 안데스산맥을 넘어 칠레의 수도
산티아고에 도착한 날이 하필 9월 11일이었다. 우리에게는 알 카에
다가 뉴욕의 심장부 세계무역센터WTC에 비행기 테러를 가한 날이라
는 어렴풋한 기억이 먼저 떠오르지만, 칠레인들에게는 30여년 전 모
네다 대통령궁이 화염에 휩싸였던 끔찍한 악몽으로 기억되는 날이
다. 세계 최초로 민주선거를 통해 당선된 사회주의 정부가 피노체트
를 위시한 군부 쿠데타 세력에게 허무하게 무너져간 그날.

되풀이되는 9.11······ 산티아고의 상처가 치유될 날은 언제일까

"위대한 길을 믿습니다! 희생의 가치를 믿습니다!"

"산티아고에 비가 내립니다(It's raining on Santiago)."

그날 아침 산티아고 시민들은 어리둥절했을 것이다. 유난히 화창한 하늘에도 불구하고 국영 라디오방송에서는 몇 번이고 반복해서 비 예보를 내보냈으니. 그것이 바로, 이후 17년간 이어질 악명 높은 피노체트 군사독재 시대의 서막을 알리는 쿠데타 암호명이었다.

해외로 망명한 이들의 증언과 자료로 만들어진 다큐멘터리식 흑백영화〈산티아고에 비가 내린다〉속에서는 필름 손상으로 보여지는 굵은 선들이 정말 비처럼 내리고 있었다. 대통령은 직접 철모를 쓰고 카스트로에게 선물 받은 소총을 들고 궁을 폭격하는 비행기에 맞서 싸우고 있었다. 탱크를 앞세운 육·해·공군, 경찰까지 합세한 쿠데타군에 맞선 대통령 아옌데의 곁에는 불과 수십 명의 경호원들만이 자리를 지켰다. 쿠데타군은 "외국으로 망명할 기회를 주겠다"며 최후통첩을 전했다. 9시 10분, 칠레 국민들은 눈물을 꾹꾹 눌러 참은 채 숨죽여 자신들이 뽑은 대통령의 마지막 라디오 연설을 들었다.

"저는 조국 칠레의 운명을 믿습니다. 머지않아 위대한 길이 다시 열리고 자유인들이 더 나은 사회를 건설하기 위해 걸어갈 것입니다. 칠레 만세! 인민 만세! 노동자 만세! 이것이 제 마지막 말입니다. 제 희생이 헛되지 않을 것임을 확신하고, 적어도 비겁, 반역을 처벌할 도덕적 교훈이 될 것임을 확신합니다."

정오, 전투기의 폭탄 투하와 함께 궁에 진입한 쿠데타군은 불과 몇

십 발의 총성만으로 상황을 종료시킬 수 있었다.

'임무 완수. 모네다 궁 장악. 대통령 사망.'

이 짧은 전문과 함께 피노체트의 군사독재 17년의 막이 올랐다. 앞으로 1주일 동안 칠레 국민 수천 명이 살해 당할 것이고, 피노체트 집권기 내내 수십만 명의 국민들이 해외를 떠돌게 될 것이다. 그 망명 대열에는 아옌데 대통령의 5촌 조카이자 위노나 라이더 주연의 영화 〈영혼의 집〉 원작자로 유명한 이사벨 아옌데도. 시고니 위버가 열연한 영화 〈진실〉의 원작자 원작은 《죽음과 소녀》 아리엘 도르프만도, 《연애소설 읽는 노인》의 루이스 세풀베다도, 올초 지지율 84퍼센트로 '아름다운 퇴장'을 한 전前 대통령 미첼 바첼렛도 포함되어 있다. 인류 역사상 가장 잔인한 군사독재정권이라는 어두운 그림자가 칠레 국민 모두를 장님에, 귀머거리에, 벙어리로 만들 것이다.

가슴속 불덩이여, 시가 되어 터져나오라

언뜻 보면 평범하기 이를 데 없는 도시였다. 밋밋한 외양의 콘크리트 건물들과, 1년 내내 찌푸린 날이 훨씬 더 많은 회색빛 하늘은 이곳에 오래 머물고 싶은 생각을 싹 가시게 만들기도 한다.

하지만 산티아고의 가치는 진중하게 들여다볼수록 빛난다. 슬픈 사연을 간직한 이곳에는 대통령궁에서 쿠데타군에게 사살된 살바도르 아옌데 전 대통령과 위대한 시인 네루다의 자취 또한 곳곳에 남

살바도르 아옌데, 화려한 추모의 물결에도 불구하고 그는 쓸쓸해보인다

남미의 소강국 칠레에 세찬 지진의 파고가 불어닥쳤단다. 저 빌딩들은 무사한 걸까?

아 있다. 미래를 향한 가슴 벅찬 발걸음을 결코 멈추지 않는 시민들이 사는 곳이자, 세계에서 가장 많은 숫자의 시인들이 담담하게 거리에서 시를 읊조리는 묘한 공존을 볼 수 있는 도시, 산티아고.

도시에서 1시간 거리에 위치한 외곽도시 산타크루즈 등에 세계 최고의 와인이 널려 있는 넉넉한 땅이기도 하다(호텔에 문의하면 포도농장 투어를 겸해 값싸게 와인을 즐길 수 있는 곳으로 안내한다). 태평양과 길게 접해 있기 때문에 풍부한 해산물을 곁들여 와인을 즐기는 시민들을 곳곳에서 만날 수 있다.

시내를 둘러보다 보니 인상적인 풍경 하나가 시선을 사로잡는다. 도심 곳곳을 질주하는 차의 90퍼센트가 온통 한국 브랜드이다! 현대, 르노삼성, 기아 등의 마크를 단 자동차들이 곳곳에 넘쳐난다. 가뭄에 콩 나듯이 미국의 포드나 일본의 토요타가 달린다. 한국이 세계 최초로 칠레와 FTA를 체결했기 때문에 나타난 현상이다. 요즘 산티아고에서 가장 인기 있는 차종은 SM5다. 칠레 신흥 부자들의 완소 아이템이라는 것이 현지인들의 전언이다.

과업은 삶이지 복수가 아니다

모네다 대통령궁 한구석에 칠레 국기를 휘감은 채 앞으로 전진하는 아옌데 대통령의 동상이 우뚝 서 있다. 대낮부터 동상 주변에는 그를 추모하기 위한 시민들의 발걸음이 끊이지 않았다.

흑백필름 속의 기억, 산티아고

격렬한 시위는 벌써 어제의 역사…… 오늘은 끊임없이 밀어닥치는 새 삶을 맞으러 가야 한다

"나는 복수를 하지 않을 것이다. 나의 복수가 똑같은 잔혹 행위의 바로 다른 한 면이 될 수 있기 때문이다. 나는 그 무시무시한 연결고리를 부수어야만 한다. 내 과업은 삶이며 내 임무는 증오심을 키우는 것이 아니다. 투사가 되어 지하로 숨어든 내 사랑 미구엘을 기다리면서, 내 옆에 놓여 있는 할아버지의 시체를 묻으면서, 더 나은 시간들을 기대하면서, 새 생명을 뱃속에 키우면서, 이렇게 그 모든 이야기들을 노트에 기록해나갈 것이다.(이사벨 아옌데의 《영혼의 집》에서)"

이사벨 아옌데는 망명지 베네수엘라에서 응어리를 풀어내듯 써내려간 소설에서 '용서'를 말했다. 하지만 이방인의 앞에 펼쳐진 놀라운 광경은 역사의 화해가 얼마나 질기고 지난한 것인지를 말해주고 있었다.

동상에 머리 숙여 조의를 표한 시민들은 조용히 물러서지 않았다. 아직도 피노체트가 단죄받지 못하고 있다는 현실을 안고 살아가는 그들의 입에서는 하나같이 분노를 가득 담은 구호가 터져 나왔다. 수십 명의 시위대가 구호를 외치는가 싶더니 순식간에 수백, 수천의 대열을 이뤄 8차선 도로를 완전히 점거해버렸다.

더 놀라운 풍경은 그 다음에 나타났다. 1980년대의 한국을 보는 듯 물대포를 앞세운 경찰들이 행렬을 가로막더니 곧바로 최루탄을 쏘아대기 시작했다. 지구 정반대편까지 와서 최루가스를 다시 맡게 되다니. 매캐한 냄새와 함께 콧물과 눈물이 엄습했다. 뒤에서 경찰의 요란스러운 전투화 소리가 들려 왔다. 감상에 젖을 틈은 없었다.

싸움이 아니라 축제여라,
분노가 아닌 열정이어라, 남미의 시위는 흥겨운 춤이었다

쉽게 용서를 말하지 말라, 다만 열심히 용서를 구하라, 모든 상처는 깊고도 깊어라

정신없이 뛰었다.

산크리스토발 San Cristobal 언덕까지 이르렀다. 함께 도망치며 어느덧 친해진 50대의 칠레 남성은 "빅토르 하라가 고문 받다가 죽어간 체육관이 바로 저 앞이야. 난 오늘 거기까지 꼭 갈거야!"라며 이방인에게 수인사를 건넸다. 밥 딜런의 음악적 스승으로 유명한 포크가수 빅토르 하라. 칠레의 예술인들은 부당한 현실 앞에 결코 침묵하지 않았다. 노벨문학상 수상작가인 칠레 문학계의 위대한 거인, 파블로 네루다 또한 그랬다. 살바도르 아옌데라는 이름 위에 곧바로 겹쳐져 떠오를 수밖에 없는 그 이름, 시인詩人 네루다. 기나긴 이 밤이 지나면 그가 말년을 보낸 이슬라네그라 Isla Negra, 검은 섬로 발길을 옮기리라.

"이 집에 위험한 것이라고는 시밖에 없어"

파블로 네루다라는 이름은 한국에서도 유명하다. 정현종 시인이 번역한《100편의 사랑 소네트》는 베스트셀러였고, 영화《일 포스티노》에서 우편배달부에게 친절하게 시 쓰는 법을 가르치는 시인의 모습은 넉넉했다.

약관의 나이에《스무 편의 사랑 시와 한 편의 절망 노래》로 세계적인 시인이 된 사람, 주변의 반대를 무릅쓰고 이혼을 감행한 뒤 스무 살 연하인 셋째 부인 마틸다를 선택한 로맨티스트, 60대 노신사의 "당신 덕분에 내 온 몸에서 시가 터져 나온다"는 수줍은 고백이라니!

하지만 그에게 가장 어울리는 호칭은 평생 가난한 사람들에 대한 애정을 놓지 않았던 리얼리스트, 현실을 바꾸기 위해 고난을 무릅쓴 코뮤니스트라는 명칭일 것이다.

> 그러니까 그 나이였다. 시가 날 찾아온 것은.
> 난 모른다, 어디서 왔는지
> 겨울에서인지 강에서인지 언제 어떻게 왔는지
> [……]
> 내 입은 이름들을 도무지 대지 못했고, 두 눈은 멀어버렸다.
> 그리고 무언가 내 영혼 속에서 꿈틀거렸다.
> 열병으로 잃어버린 날개들이 그 불에 탄 상처를 해독하며
> 난 고독해져 갔다. 그리고 막연하게 첫 행을 썼다.
>
> —파블로 네루다의 〈詩〉 중에서

그가 사회당 당수인 아옌데를 당선시키기 위해 공산당 대통령 후보직에서 사퇴한 뒤 조용히 시작詩作에 전념하며 말년을 보냈던 이슬라네그라는 산티아고에서 1시간 거리에 있다. 검은 현무암으로 둘러싸인 '검은 섬'의 해변으로 하얀 파도가 철썩철썩 끝없이 밀려들었다. 네루다의 집은 저 멀리 태평양을 바라보며 언덕 위에 우뚝 솟아 있었다. 싱가포르, 랑군 등 아시아를 방랑하며 시상을 가다듬었던 청년 네루다의 영원한 꿈을 상징하듯 자택은 온통 배, 바다와 관련

흑백필름 속의 기억, 산티아고

"내 온 몸에서 시가 터져 나온다"는 당신의 고백을, 나의 청춘 역시 앓았습니다······

이슬라네그라에서 간간히 흩뿌리는 이슬비를 맞으며 태평양 너머 한국을 생각했다

된 상징물로 넘쳐났다. 특히 세계 곳곳에서 수집했다는 배 전면의 조형물, 선수船首 상의 행렬이 이방인의 시선을 꼭 붙들어 맨 채 상념에 잠기게 했다.

네루다의 침실에 이르렀다. 머리부터 발끝까지 아침 태양의 애무를 받으며 깨어났다는 말처럼, 동편 창가로 태평양의 햇살이 담뿍 쏟아져 들어오고 있었다. 운명의 그 날, 노쇠한 네루다는 바로 이곳에서 라디오에 귀 기울이다 충격에 사로잡혀 눈물을 쏟았고 "아옌데…… 아옌데……"만 되뇌다 끝내 의식을 잃었다. 그리고 13일 후, 친구의 뒤를 따라 영원히 저 세상으로 떠나고 말았다.

대통령궁을 접수한 쿠데타 세력들은 이슬라네그라에도 찾아들었다. 그러나 차마 임종을 앞두고 있는 세계적인 대문호를 해칠 수가 없어서 가택을 수색한다는 명목으로 이리저리 집을 들쑤시고 있을 때, 그들을 향해 네루다가 내뱉었다.

"이 집에 위험한 것이라고는 단 하나밖에 없네. 그것은 바로…… 시라네."

가족과 지인들이 어디론가 끌려가 고문당하거나 살해당하는 처참한 상황 앞에 숨죽인 칠레 국민들은 그들이 평생 사랑한 노老시인의 관을 앞두고서야 겨우 말문이 터져 나오기 시작했다. "차라리 우리 모두를 죽여라"는 산티아고 시민들의 절규 앞에 엄혹한 군사정부도 차마 장례행렬을 가로막지 못했다. 젊은 시절의 꿈이 담긴 태평양을 바라볼 수 있도록 이슬라네그라 자택 앞에 묻힌 네루다는 그 순간 그들의 목소리를 들었을까. 사위가 어둠 속에 잠긴 바닷가, 파도소리만이 엄숙한 침묵을 깨고 있다.

스키마스크를 쓴 아줌마게릴라를 만나다

칠레는 여전히 좌파와 우파의 대립이 격심한 나라다. 1970년, 폭력이 아닌 합법적인 방식으로 사회주의 이념을 실현한다는 기치를 내걸었던 아옌데 정부는 전 세계의 관심과 기대를 한 몸에 받으며 화려하게 출범했으나 곧바로 현실 앞에 꺾였다. '세계사에 의미 있는 실험'이라는 명예가 고단한 현실의 구원책과 동의어는 아니기 때문이겠지. 하지만 오늘날 자본주의의 한계 상황으로 전 세계가 잦은 격변을 겪게 되면서, 이곳에서 있었던 '사회주의 실험'은 또다시 관심의 대상으로 떠오르고 있다.

체 게바라 이후 가장 유명한 좌파 게릴라라는 '스키마스크에 파이프담배를 문 사내' 마르코스 사파티스타 민족해방군 부사령관에 대한 관심 역시 같은 맥락으로 보여진다. 멕시코 남부 치아파스주에서 시작된 마르코스의 대장정을 지지하는 유명인들은 프랑스 미테랑 전 대통령의 부인 다니엘 미테랑, 가수 마돈나, 노벨문학상 수상자 주제 사라마구 등 전 세계에 포진해 있다. 마르코스 개인에 대한 호기심과 호감도 들어 있다. 그는 철학과 위트가 넘치는 말투, 문학적 글 솜씨, 인터넷을 앞세운 젊은 감각으로 사람들을 사로잡고 있다.

당신을 닮은 딸과 함께 화사한 웃음을 짓던 모습이 지금도 눈앞에 아른거려요……

원주민의 권리 회복을 주장하는 사파티스타 민족해방군이 세계적인 명성을 얻게 된 데에는 몇 장의 그림들이 큰 역할을 했다. 화려한 원색으로 칠해진 게릴라의 본거지, 치아파스의 원초적인 풍경이 담긴 영롱한 그림들은 매력 넘치는 사내, 마르코스와 어우러져 '부드러운 게릴라'라는 유례없는 이미지를 만들어냈다. 인터넷을 통해 적어도 5억 명이 감상했다는 이 그림들을 그린 주인공이 바로 이 여자, 베아트리츠 아우로라Beatritz Aurora다.

이 넉넉한 표정의 '아줌마'가 세계에서 가장 유명한 게릴라 집단의 일원이라는 사실을 선뜻 받아들이기란 쉽지 않다. 하지만 밤하늘의 무수한 별들과, 총천연색 대자연과, 해맑은 미소의 게릴라를 한데 담아낸 화폭들로 그녀를 단정지어서는 안 된다. 그녀 자신이 피노체트 쿠데타로 해외 망명길에 오른 일원의 하나로서, 철들 무렵부터 철저하게 가시밭길만을 걸어야 하는 라틴아메리카인들의 지난 여정을 상징하고 있기 때문이다.

● 칠레 출신인데, 멕시코에 정착해서 사파티스타의 일원이 되셨어요.

"하하, 난 총을 들고 싸우지는 않아요. 사파티스타의 일원이 아니라 그들을 지지하는 사람들 중 하나일 뿐이에요. 내 부모님은 스페인 내전 당시 공화군을 지지했는데요, 프랑코 독재정권이 시작되자마자 칠레로 망명을 떠난 탓에 나는 산티아고에서 태어났죠. 그런데 운명의 장난처럼 내가 열일곱 살 때 피노체트의 쿠데타가 일어난 거예요. 저항운동에 참여했다가 체포 당해서 열흘 동안 고문을 하더니 내 부모님들이 쫓겨 온 땅, 스페인으로 추방하더군요. 유럽은 글쎄…… 무척 추웠고, 정신을 갉아먹는 삭막한 곳이더군요. 붙잡혀 감옥에 갇히더라도 다시 고국으로 돌아가야겠다 마음먹고 중간 경유지로 멕시코에 왔어요. 그런데 원초적인 풍광으로 가득한 멕시코와 연애가 시작되면서 그만 발이 묶였죠."

● 철저히 비밀에 가려진 마르코스 부사령관을 가장 가까이서 지켜볼 수 있는 몇 안 되는 사람이세요. 신뢰를 얻은 비결이 궁금합니다.

"1991년에 딸 카밀라를 낳았어요. 믿고 있던 사회주의는 모두 무너졌고, 홀로 딸을 키워야 했던 탓에 정치활동을 완전히 중단한 상태였죠. 그렇게 내 삶의 문을 닫으려던 순간 사파티스타가 와서 문을 두드리더군요. 그들을 통해 좀 더 나은 세상이 가능하다는 사실을 조금씩 다시 믿게 됐어요. 당장 그들에게 달려가고 싶었지만 아이 때문에 게릴라가 될 수는 없었고, 그 대신 내 장기인 그림으로 참여할 수는 없을까 생각하다가, 포스터 형식의 그림을 그려서 친구랑 1천 장을 인쇄했어요.

처음부터 마르코스 부사령관을 만났던 건 아니에요. 정부군과 전쟁 중이었기 때문에 부사령관을 만나는 일은 쉽지 않았어요. 긴 전투상황이 끝나고 정부와 평화협정을 맺은 사파티스타는 게릴라 본거지로 돌아가는 국토 대행진을 벌였는데, 그 행렬에 끼어서 이 사람 저 사람에게 "마르코스에게 쓴 편지를 전해달라"고 졸라댔죠. 그런데 그날 밤 사파티스타의 2인자 모아세스 소령이 날 찾아왔어요. 몇 시간 동안 캄캄한 산길을 걸어 마르코스의 은거지로 찾아가는데 하늘에는 수백만 개의 별이 빛나고 있었어요. 이후 내 그림 속 하늘에는 모두 이 별로 가득차 있어요. 처음 본 나를 왜 의심하지 않았냐구요? 당연히 그림 속에 담긴 진정성과 애정을 알아챘기 때문 아니겠어요?"

● 마르코스는 어떤 사람인가요? 얼굴을 스키마스크로 가리고 있지만 사진만 보더라도 독특한 매력이 넘치는 사내라고 이야기하는 여자들이 많던데요.

"물론 잘생겼고 호감이 가는 남자에요. 스키마스크 속 실제 얼굴을 본 사람은 아무도 없어요. 다만 내가 화가여서인지 눈을 보면 어떤 인물인지 알 수 있어요. 그는 그냥 예쁘기만 한 눈이 아니라, 꿈을 간직한 눈을 갖고 있어요. 평소에는 동료들에게 농담을 던져 힘을 북돋우곤 해요. 터프한 반란지도자의 이미지를 벗어 던진, 무척 부드러운 남자랍니다."

● 칠레에도 민주정부가 들어선 지 오래 되었지요. 왜 부모들이 있는 고향으로 돌아가지 않습니까?

"지금 내가 가장 행복할 수 있는 곳이 고향이죠! 물론 칠레의 현재가 마음에 안 들기 때문이기도 해요. 좌파 미첼렛 대통령이 집권했지만 아직 칠레는 근본적으로 바뀌지 않았어요. 여전히 법원은 피노체트 시절의 고문자, 살인자들을 증거불충분을 이유로 풀어주고 있어요. 지금 이곳에서 멕시코뿐 아니라 칠레, 나아가 라틴아메리카 모든 나라의 정의를 위해 내가 할 수 있는 최선을 다하고 싶어요."

● 어떻게 화가가 되셨어요? 일본에서 특히 인기가 많다고 하던데요.
"네 살 때 닭을 그려서 어머니에게 들고 갔죠. 아무도 닭인지 알아보지 못하는데 어머니가 '너는 세상에서 가장 위대한 화가'라고 말해주셨어요. 그 덕분에 나는 그림 그리기를 좋아하는 아이로 자랐어요. 그때 만약 어머니가 악담을 퍼부었다면 결코 화가가 되지 못했을 거예요. 어른들이 자신의 취향을 강요하는 순간 어린이는 자신이 가진 모든 재능을 잃어버린다는 사실을 꼭 알아줬으면 좋겠어요. 이후 미술학교에 진학했지만 저항운동에 참여하는 바람에 오래 배우지는 못했구요, 그 대신 연애편지에 그림을 그렸고, 망명시절에는 벽에 붙일 무언가를 만들려고 그림을 그렸어요. 스물일곱에 멕시코에 정착하면서는 돈을 벌기 위해 그렸죠. 재료비를 아끼려고 명함 크기만 한 실크프린트를 주로 그렸는데 작은 것을 좋아하는 일본인들의 취향과 잘 맞아떨어졌는지 도쿄에서 첫 전시회를 열 정도로 성공했죠. 지금처럼 국제적 명성을 얻게 된 건 사파티스타의 그림들이 인터넷을 통해 알려지면서부터구요."

● 총칼을 든 게릴라들을 그린 당신의 그림은 묘하게도 동심童心을 자극합니다. 단순하게 그려낸 멕시코의 자연풍광도 인상적입니다.

"그래요? 사람들은 '게릴라'라는 단어에서 폭력성을 먼저 떠올리지만 그들은 무척 착하고 순수한 원주민일 뿐이에요. 조상 대대로 전해 내려온 땅을 빼앗긴 것도 모자라 끊임없이 핍박받는 현실을 견디지 못하고 들고 일어섰을 뿐, 그들이 바라는 미래는 아이들이 꿈꾸는 이상향과 다를 바 없어요. 치아파스의 정글 속에 들어가본 적 없죠? 때 묻지 않은 원초적인 자연풍광 속에서 살아가는 그들은 이 사회가 공정하기만 하다면 세상에서 가장 행복한 사람들입니다."

그녀는 "내 그림을 보는 사람들이 기뻤으면 좋겠다"며 인터뷰를 마쳤다. 생이 아름다울 수도 있다는 사실을, 사람과 자연이 어우러질 때 가장 아름다운 풍경이 펼쳐진다는 사실을 이해했으면 좋겠다고 했다. 세상의 가장 큰 행복은 사람과 사람 사이의 관계에서 나온다는 것도. 잘나가는 직장도, 유행 따라 바뀌는 가전제품도 아닌, 사람만이 행복의 조건이라고 말하며 웃었다.

★ Rio de Janeiro, Brazil

삼바 추는 신의 도시, 리우데자네이루

삼바와 파벨라,
천국과 지옥이 이웃하였구나

날씬하게 볕에 그을린

앳되고 예쁜 이파네마에서 온 소녀가 걸어가네.

걸음걸이는 삼바 리듬,

경쾌하게 흔들며 부드럽게 움직이네.

좋아한다 말하고 싶지만,

내 마음을 주고 싶지만,

아, 그녀는 내가 있는지조차 알아차리지 못하네.

그저 바다를 바라보고 있을 뿐.

　　　　　　─〈이파네마에서 온 소녀 The Girl from Ipanema〉 가사

저절로 콧노래가 흥얼거려졌다. 가사쯤 정확하지 않으면 어떠랴. 이곳이야말로 카를로스 조빔과 조앙 질베르토가 만든 사랑스러운 보사노바 '이파네마에서 온 소녀'를 흥얼거리기에 최적의 장소, '브라질' 하고도 '리우데자네이루' 하고도 (이파네마 해변 옆의) '코파카바나 해변'이란 말이다.

브라질은 떠올리는 것만으로도 어지럽다. 온갖 것들이 섞이고 끓어오르고 폭발하는 남미 대륙에서도 '검은 아메리카' 브라질만큼 강력한 생명력을 자랑하는 나라도 없기 때문이다. 우선 지구 전체 숲의 30퍼센트에 달하는 야생의 밀림 '아마존'이 있다. 아프리카와는 다른 날카로운 원시성이 두려움에 가까운 경외심을 불러일으키는 그곳은, 얼마 전 MBC 다큐멘터리 〈아마존의 눈물〉에서도 보았듯이 여전히 인간의 접근을 허용하지 않는 신성불가침의 영역으로 남아 있다. 해마다 한두 명쯤은 죽어나간다는 '폭발적인 열정의 향연' 삼바 축제도 빼놓을 수 없다. 탱고와는 달리 정복자 스페인의 볼레로와 사탕수수 농장의 노동자로 끌려온 아프리카 노예들의 리듬이 섞여서 탄생한 삼바의 리듬은 독창적이고도 다채로운 리듬으로 유니크한 매력을 발산한다. 삼바에 모던재즈를 가미한 보사노바 역시 차분하면서도 지적인 리듬으로 사랑받는다.

그러나 이파네마에서 소녀가 부르든, 코파카바나에서 칵테일을 흔들든, 홀로 해변을 걷는 일 따위는 생각지도 말았어야 했다.

삼바 추는 신의 도시, 리우데자네이루

홀로 걷기에는 부족한(!) 코파카바나 해변의 추억

"머니, 머니, 헤이, 자폰일본인을 뜻하는 현지 표현! 머니, 머니, 머니!"

세계 3대 미항美港으로 꼽히는 리우데자네이루, 그 해변의 정수로 꼽히는 코파카바나를 바라보는 순간 넋이 나가버린 것이 화근이었다. 이태 전인가 CNN을 통해 전 세계로 방영됐던 '관광객을 폭행하는 청소년들'의 영상은 스르르 머릿속에서 삭제된 다음이었다.

십여 개의 시꺼먼 그림자들이 순식간에 주변을 둘러싼 건 코파카바나의 새하얀 백사장을 걷기 시작한 지 10분도 채 지나지 않았을 때였다. 겨우 중학생이나 되었을까? 잘 봐줘야 고등학생 정도의 나이에 불과한 그들은 낯선 동양인 관광객을 익숙하게 둘러싼 채 서슴없이 주머니를 뒤지기 시작했다. 오후 3시도 되지 않은 벌건 대낮에 쏜살같이 돈을 강탈한 뒤 인파 속으로 사라져가는 그들의 뒷모습을 그저 멍하니 바라볼 때에야 멎었던 두뇌가 가동되기 시작했다. 머릿속에서 현지 브라질인들의 경고가 생생하게 재생되었다.

"리우데자네이루에서는 강도에게 절대 반항하지 마. 아무도 도와주지 않을 뿐더러, 자칫하면 오히려 큰 해를 입을 수 있다구!"

주머니에 50헤알약 1만2천 원 밖에 없었다는 것이 그나마 위안이 될 수 있으려나. 리우데자네이루는 그렇게 묘한 미소를 머금은 채 이방인에게 자기만의 독특한 환영 인사를 건넸다. 멕시코시티를 떠나 페루의 수도 리마에서 비행기를 갈아타고 리우데자네이루에 도착한 지 채 이틀이 지나지 않아서였다.

영원히 1월을 흘러라, 영원히 새롭게 흘러라, '1월의 강'이여!

호텔로 돌아와 심호흡을 여러 번 하고 나서야 충격에서 조금씩 벗어날 수 있었다. 멕시코시티쯤이야 그저 우스울 뿐이라는 세계 최대의 빈민가, 세계 최고의 범죄도시 '리우데자네이루'의 진면목이 새삼 또렷하게 각인되었다. 그동안 전 세계 수많은 도시들을 여행하면서 가방의 지퍼가 열리거나 혼잡한 지하철에서 소매치기를 당하는 경험쯤이야 비일비재했지만, 벌건 대낮에 집단으로 몰려온 강도들에게 주머니를 털리기는 이곳이 처음이었다.

마음이 조금 가라앉자 코르코바도 그리스도상을 보자고 급히 호텔을 나섰다. 빨리 평온한 관광객의 신분으로 돌아가고 싶다는 보상심리였다. 햇살이 화사하게 내리쬐는 코파카바나 해변과는 달리 예수상 주변은 자욱한 구름 속에 갇혀 있었다. 해발 800여 미터의 코르코바도 언덕 꼭대기에 양팔을 벌린 채 홀로 서 있는, 세계에서 가장 큰 이 예수상은 시내 어느 곳에서도 올려다보인다. 에메랄드빛 바다와 새하얀 백사장에 접해 있는 고급호텔에서도, 산등성이에 수만 가구가 다닥다닥 붙어 생활하는 빈민가 파벨라Favela에서도 예수상의 인자한 자태를 지켜볼 수 있다.

코르코바도 예수상을 등지고 선 채 뭉게구름 사이로 모습을 드러냈다, 사라졌다 하는 리우 시내를 굽어보는 기분은 무척 묘한 것이었다. 커다란 뱀이 기어간 자취인 듯 꼬불꼬불 한없이 이어지고 있는 해안선이 한눈에 내려다보였다. 복잡한 듯 아기자기했다. 대서양이

품으시렵니까, 양팔을 벌려 저 천국과 지옥을 동시에? 어떻게요?

마치 육지를 길게 가로지르는 강처럼 보였다. 1502년 1월, 이곳에 처음 발길을 내딛은 포르투갈인들에게도 당연히 저 풍경은 바다가 아닌 강으로 보였으리라. 그래서 그들은 이 도시에 '1월Janeiro의 강Rio'이라는 잘못된, 그러나 꽤 서정적인 이름을 붙여 주었다.

눈앞에 펼쳐지는 광활한 풍경에 넋을 잃고 있는데, 거미줄이 깔리듯 어스름이 슬금슬금 내리기 시작했다. 아차 하는 순간 해가 산 너머로 넘어가 버린다. 기온은 한국의 봄을 연상시킬 정도로 따뜻하지만 절기상으로는 한국과는 정반대인 겨울이라는 사실을 깜빡하고 있었다. 마음이 급해져 아무 택시나 집어탔다.

"어, 형! 아까 우리가 올라왔던 길과는 다른 쪽으로 가는 것 같지 않아요? 깜깜해져서 그런가……."

의아스러워 동행한 선배에게 질문을 던졌다. 찬찬히 바깥 풍경을 살펴보니 올라올 때는 고급주택가를 지나온 것 같은데 지금은 온통 허름한 집 투성이다. 선배도 당황한 듯 말을 잇지 못했다. 순간 택시 안에 적막이 감돌기 시작했다. 새삼스럽게 택시 기사의 얼굴을 슬쩍 훔쳐보니 험상궂은 털보에, 덩치도 산처럼 크다. 어느덧 차가 가로등 하나 없는 컴컴한 골목길로 들어섰다. 눈을 질끈 감았다. 하루에 두 번씩이나 이런 꼴이라니. 아무리 리우데자네이루지만 이건 너무 심하지 않은가.

터널이라도 통과한 것처럼 다시 풍경이 밝아졌다. 지폐 한두 장을 주머니에서 빼서 양말 속에 몰래 감춰두려고 꼼지락대던 동작을 멈

지옥을 엿보러 가는 길. 호기심만큼이나 혼란스러운 불안에 살짝 떨었던 것 같다

양발을 묶인 채로 추기에 가장 화려해졌다는 삼바. 곳곳의 역설에 생각이 많아진다

췄다. 선배 얼굴에 (그리고 아마도 내 얼굴 역시) 급격히 화색이 돌아왔다. 파비오라는 이름의 이 택시기사는 생김새와 달리, 서른하나라는 어린(!) 나이에 두 아들을 키우고 있는 건실한 가장이었다. 이제 막 15개월이 지났다는 둘째 아들의 사진을 들이미는데 어디에 숨어 있었을까 싶은 천사 같은 미소가 씩 스친다. 우리 모두 바보가 된 듯 '헤헤' 똑같은 웃음을 베어 물며 안도의 한숨을 내쉬었다. 하루 사이에 천사와 악마, 리우의 양면성을 모두 체험한 탓에 온 몸이 노곤하다.

리우 최고의 클럽에서 속사포같은 삼바 스텝에 밟히다

삼바는 한국인들이 흔히 착각하는 것처럼 숨이 넘어갈 정도로 빠른 비트의 음악은 아니다. 오히려 사람의 마음을 감싸 안는 선율에 가깝다. 매년 2월이면 리우의 거리 곳곳을 점령하는 세계 최대의 카니발 행사 탓에 '삼바' 하면 옷을 다 벗다시피 한 여성 댄서들이 쉴 새 없이 허리와 엉덩이를 흔들어대는 도발적인 포즈가 먼저 떠오르지만, 리우에서 실제로 들어 본 삼바는 무척 서정적이면서도 애잔했다. 어찌 보면 당연하다. 삼바라는 음악은 그 옛날 흑인 노예들의 고달픈 일상을 달래기 위해 탄생한 것이므로.

삼바 댄스는 양발을 묶인 채로 노래하며 춤을 춰야 했던 탓에 스텝의 간격이 무척 좁다. 한계를 뛰어넘는 인간의 가능성은 과연 어디까지일까. 좁은 공간에서 쉴 새 없이 발을 놀리는 화려한 삼바 스텝은

사람 사는 모습은 어디나 똑같은가 보다. 리우데자네이루에 서울이 겹쳐진다

이런 서글픈 역사 아래 개발되었다. 그리고 서정적인 음악에 맞춰서, 역설적이게도 관능적이면서도 현란한 외양의 몸동작을 펼쳐보인다.

평일인데도 불구하고 밤 9시 무렵 리우의 중심가는 삼바 춤을 추기 위해 클럽으로 향하는 젊은 남녀들의 열기로 후끈하다. 브라질 최고 수준의 삼바클럽 카리오카 다 제마^{Carioca da Gema} 앞에는 이미 20미터가 넘게 길게 줄을 서고 있었다. 어리버리한 관광객 둘은 1시간을 기다린 끝에 간신히 입장했다. 좌우 15미터나 될까 싶은 좁은 공간에 백여 명이 불꽃처럼 넘실대고 있었다. 그들은 가슴속을 후벼내는 듯한 흑인 여가수의 삼바 음악에 맞춰 마치 여신에게 경배를 올리듯 끊임없이 발을 놀려대고 있었다. 사탕수수를 재배하기 위해, 금광을 캐기 위해, 커피농장의 밭을 갈기 위해, 포르투갈 귀족들의 시중을 들기 위해 아프리카의 해안에서 강제로 잡혀 온 수백만 흑인들의 한이 1초에 10번은 족히 넘어 보이는, 속사포처럼 밟아대는 스텝에 담겨 산산이 흩어지고 있었다.

삼바의 뜨거운 열기로 폭발할 것 같은 도심을 잠시 벗어나 플라멩고 해안에 위치한 퐁데아수카르^{Pao de Asuca}로 향했다. 해변가에 설탕 자루를 가득 쌓아 올린 모습을 닮았다고 해서 슈가로프^{Sugar loaf}로도 불리는 바위산이다. 20세기 초반부터 충실하게 제자리를 지키고 있는 케이블카를 타고 천천히 슈가로프의 정상으로 향했다.

밤하늘을 샛노랗게 물들일 정도로 무수한 불빛들이 점멸하는 도시의 야경이 한눈에 들어왔다. 저 멀리 바닷가에는 펜트하우스를 갖춘

퐁데아수카르의 야경. 해변가에 설탕자루를 쌓아놓은 모양이라고 애칭이 슈가로프다

고층건물들이 오밀조밀한 빛을 발하며 늘어서 있고, 시내 한가운데에 자리 잡은 언덕배기에는 빽빽하게 들어 찬 빈민가의 불빛들로 휘황찬란하다. 세계 최고의 빈부격차를 자랑하는 리우데자네이루에서 최소한 이 빛나는 야경만은 그 누구에게나 평등하다.

'신의 도시', 세계 최대 빈민가의 또 다른 이름

2002년 칸영화제에 참석한 관객들은 오프닝작으로 선정된 낯선 브라질 영화 한 편이 스크린에 첫 영상을 쏘자마자 터져 나오는 비명을 감추지 못했다. 태어나서 연필보다 총을 먼저 잡는 아이들, 지역 청소년의 50퍼센트가 불법 마약유통에 관계된 마을, 축구선수 아니면 범죄조직의 일원이 되기를 꿈꾸는 소년들, 경찰이 자신의 동네에 들어오면 자동소총을 들고 즉각 반격에 나서는 범죄조직원들의 날 선 풍경 앞에 시선을 떼지 못했다. 감독은 이 아비규환으로 가득한 지옥도 위에 한 문장을 깊이 박아 넣었다.

"이것은 실화다."

리우데자네이루의 어두운 그림자를 적나라하게 드러낸 영화 〈시티 오브 갓 City of God〉. 세계 최고의 휴양지 리우데자네이루 전역에는 1,760만 명의 시 인구 중 1,000만 명이 빈민촌, 파벨라Favela에 거주한다. 총 632개의 파벨라 중에서 가장 규모가 큰 파벨라의 명칭이 바로 '신의 도시'다.

5년 전 리우데자네이루 최악의 빈민가 '신의 도시'로의 여행, '파벨라 투어'가 등장했다. 1인당 50헤알에 빈민가의 구석구석을 보여준다는 기막힌 발상에 혀를 내둘렀다. 12인승 버스를 타고 마을 입구까지 올라가 2시간 정도 골목길을 걸으며 갖가지 빈민촌의 풍경을 직접 볼 수 있었다. 파벨라를 지배하는 범죄조직이 암묵적으로 허락한 코스이기 때문에 안전하단다. 주민들도 자신의 마을을 보러 온 수많은 관광객들에게 익숙해져 있기 때문에 특별히 눈에 띄는 행동만 하지 않는다면 적대적인 태도를 보이지는 않는다.

'온리 투어리스트'라는 표지판을 단 버스를 타고 산동네를 오르는 심경은 복잡했지만 이 루트가 바로 외지인이 파벨라에 발을 디딜 수 있는 유일한 길이다. 이곳은 큰길을 지나는 버스가 조금만 속도를 늦춰도 자신들을 공격하는 것으로 간주한다는 살벌한 동네, 집집마다 그 지역을 지배하고 있는 범죄조직의 이니셜인 'CV'나 'AA'라는 마크를 큼지막하게 그려놓고 있는 파벨라인 것이다.

천천히 버스에서 내려 호시냐Rocinha, 작은 장미라 이름 붙인 파벨라의 좁은 골목길을 걷기 시작했다. 산등성이를 따라 마구잡이로 지어진 집들이 금방이라도 쓰러질 것처럼 위태롭다. 옥상마다 고무양동이 몇 개를 겹쳐 놓은 크기의 물탱크가 인상적이다.

"파벨라에는 상하수도 시설이 전혀 없이 저렇게 빗물을 받아 생활합니다. 쫓아내지 않는 대신 수도도 놔주지 않는다는 정부의 공정한 정책이라고나 할까요."

니콜라스 잘 지내니? 그곳에서 탈출하는 데 성공했는지

갑자기 지독한 오물 냄새가 코를 찌른다. 리우의 태양은 유독 이곳에서 더 활개를 치고 있었다. 비처럼 흘러내리는 땀을 닦으며 가파른 길을 걷자니 저절로 무릎이 푹푹 꺾여 온다. 대낮부터 술에 취해 이방인을 멍하니 지켜보는 알코올중독자, "원 헤알!"을 외치며 관광객의 팔을 붙들고 늘어지는 아이들, 이방인을 애써 외면한 채 총총히 걸어가는 흑인 모녀…….

일곱 살 니콜라스는 수줍음을 많이 탔다. 짧은 영어로 "잇츠 마이 픽처"라고 중얼거리는 그 아이 앞에는 자신이 살고 있는 파벨라를 나무 판대기 위에 그린 작은 그림들이 늘어서 있었다. 무채색의 빈민촌 건물에 파랑, 빨강, 노랑 총천연색 옷을 입혀 그림을 완성한 아이. 이것이 바로 이 아이가 꿈꾸는 미래인 걸까.

영화 〈시티 오브 갓〉의 극중 화자는 20세가 채 되기도 전에 총탄에 맞아, 또는 마약에 절어 쓰러져간 친구들을 뒤늦게 회상하는 포토그래퍼였다. 자신이 그 지옥도에서 탈출해 사진을 배울 수 있었던 것은 말 그대로 모세가 바다를 가른 기적과도 같은 일이었다고 쉼 없이 중얼거리던 화자의 목소리가 생생하게 귓가를 맴돈다. 그처럼, 니콜라스에게도 그림이 희망을 향한 무기가 되어줄까. 니콜라스의 새까만 눈동자를 잠시 응시하다 되돌아 나오는 길, 리우데자네이루의 태양은 여전히 뜨겁다. 지금 이 순간 '브라질에서 부자가 되기 위한 유일한 방법은 부잣집 자식으로 태어나는 길밖에 없다'는 누군가의 절망적인 통계 수치는 잠시 묻어두고 싶은 심정이다.

웰컴 투 헬! 당신은 이 지옥도에서 무엇이 보이는가?

영화 〈눈먼 자들의 도시〉를 둘러싼 논란은 격렬했다. 좀처럼 자신의 작품을 영화화하는 걸 허락하지 않는 옹고집, 주제 사라마구의 허락을 얻었다는 것만으로도 칸 행을 확정지었던 작품이건만, 그 미적 성취가 기대에 미치지 못했다는 평가가 지배적이기 때문일 게다. 혹자는 이렇게 비아냥거렸다. "노벨문학상을 수상한 원작의 무게에 짓눌려 감독은 자신의 견해를 숨긴 채 줄거리를 따라가는 데서만 급급했다."

하지만 나는 페르난도 메이렐레스Fernando Meirelles의 신작이라는 것만으로도 들떠서 영화관을 찾았더랬다. 대표적인 상류계급 출신이자, 한때 브라질 광고계에서 최고 수입을 자랑하던 CF감독이었던 그가 어떻게 파벨라 이야기를 영화로 만들 생각을 했을까? 우연히 접한 낡은 책 한 권 때문이었다. '내 이웃에 세상에서 가장 처참한 빈민가가 존재한다는 사실을 40세가 넘도록 모른 채 살아왔다'는 처절한 자기반성 때문이었다.

페르난도 메이렐레스를 만나러 상파울루에 들렀다. 상파울루는 묘한 도시였다. 이젠 흘러간 흑백영화로밖에는 확인할 길이 없는 1950년대의 뉴욕을 그대로 옮겨놓은 듯한 풍경이 거리마다 넘쳐났다. 세계자본주의의 최전성기에 건설된 뒤 제자리에 멈춰버린 남미 최대의 메트로폴리탄이 감독의 고향이었다. 데뷔작으로 유럽과 미국에서 비평과 흥행, 두 마리 토끼를 잡았고, 랄프 파인즈 주연의 두 번째 작품 〈콘스탄트 가드너 The Constant Gardner〉로 다국적 제약회사의 비인간성을 뚝심있게 풀어냈다는 찬사를 받았지만, 유명세를 얻자마자 헐리우드로 입성해 버리는 선배들의 전철을 거부한 채 독립자본으로만 영화를 제작하고 있는 고집 센 남자.

그의 스튜디오를 향해 차를 달렸다. 시내 중심가를 벗어나자마자 코를 찌르는 악취와 함께 추레한 빈민촌이 그 모습을 드러냈다. 먼지 자욱한 공터에서 공을 차는 검은 피부의 아이들 풍경이 조금씩 멀어져 갈 무렵, 드디어 스튜디오가 모습을 드러냈다. 방금 지나친 황량한 파벨라 전경과는 어색하게 튀는, 런던 소호 가에서나 마주칠 법한 지극히 모던하고 시크한 스튜디오다. 은색 머리카락을 휘날리며 우아한 영국식 영어발음을 앞세우는 유럽계 중년신사가 나타났다. 당신이 페르난도 메이렐레스라고? 태어나서 연필보다는 총을 먼저 잡는 파벨라 아이들의 지옥도를 직접 겪은 것처럼 생생하게 그려낸 바로 그 감독? 물론 파벨라 출신 물라토일 거라거나, 날카로운 눈매의 꼬장꼬장한 지식인을 상상한 건 아니었지만 그래도 한없이 마음 좋아 보이는 이 부르주아 아저씨는 상상 밖이다.

첫인상에서 받은 혼란스러움이 채 가시지 않았는지 그의 한마디, 한마디에 신경이 곤두섰다. 제3세계 영화감독으로서의 정체성을 묻자 "출입국카드에 웨스턴이라고 기재한다"는 서슴없는 대답이 따라 나온다. 원주민과 피가 섞이지 않은 유럽계 남미 상류층들은 스스로를 웨스턴이라고 생각할 정도로 오만하다는 것이 사실이었나? 더구나 이 아저씨, 수다스럽기까지 하다. 공부 잘하는 학생을 놀려대는 브라질의 풍토 때문에 사립학교에 다니는 아들이 성적을 숨기고 다닌단다. 브라질이 발전하려면 한국처럼 우수한 인재들을 우대하는 사회 분위기가 조성돼야 한다는 대목에서 인내심은 한계에 달했다.

오호라, 딱 걸렸네요. 당신은 그저 잘 짜여진 원작소설을 화려한 영상으로 옮기는 재주만 있을 뿐인 거죠? 잘 나가는 광고 디렉터란 직업을 내던진 것은 예술가라는 이름까지 얻고 싶은 참을 수 없는 욕망 탓이었던 건가요?

● 당신을 처음 본 순간 조금 당황했습니다. 〈씨티 오브 갓〉의 감독이라면 날카로운 눈매에, 모진 세파를 헤쳐 온 거친 피부의 사나이일 거라고 상상했습니다.

"당신의 외모도 내 예상하고는 다른데요? 머나먼 아시아에서 지구 반대편까지 나를 보러 왔다길래 쭉 째진 눈매의 사무라이를 연상했었습니다. 하하. 농담입니다. 사실 그런 이야기 많이 듣습니다. 전 남부럽지 않은 집안에서 태어나 대학을 졸업하고, 꽤 괜찮은 직업을 얻어 지금에까지 이르렀죠. 바깥과 격리된 철조망 안에서만 살아온 셈입니다. 우연히 조우한 책 한 권이 아니었다면 극심한 양극화라는 브라질의 실상을 알 기회조차 없었겠죠."

● 왜 그 높은 수입을 포기하고 이 세계에 뛰어들었습니까?

"아내에게는 '당신 남편이 모험을 즐기는 인디아나존스인 걸 몰랐

1만 볼트 전기담장을 걸어나온 이 부르주아 아저씨 덕택에 세계는 파벨라를 알게 되었다

어?'라고 눙치는데, 하하, 이유라…… 전혀 새로운 세계와 조우했기 때문이랄까요? 43년만에 처음 깨달은 충격적인 현실을 스크린에 옮겨야겠다는 생각뿐이었습니다. 손에 쥔 책의 주요 대목을 짚어가며 파벨라의 좁은 골목길을 밤새도록 걷고 걷고서야 무엇을 찍어야 할지 간신히 알 수 있었습니다."

●영화를 만들고 나서 빈민촌의 삶을 완전히 이해했다고 생각하시나요?
 "No! 단순한 관찰만으로 누군가의 삶을 완벽히 이해했다고 말한다면, 명백한 오만이죠. 제가 군이 제3자의 눈을 빌려 파벨라의 삶을 묘사하는 방식으로 영화를 만든 것도 제 한계 탓에 어쩔 수 없는 선택이었습니다. 다만 영화를 완성하고 나서 무척 기뻤다고는 말할 수 있겠습니다. 현실을 바꾸는데 미력하나마 힘을 보탰으니까."

 그의 진지하고 수줍은 고백에 부끄러워졌다. 당신의 무기는 친절함이었군요. 알지 못하는 세계를 몇 번씩 되짚어 가며 이해하려고 노력하는 그 성실함이었군요. 객의 멋쩍음을 느꼈던지 작별인사를 나누며 그가 농담을 건넨다.
 "리우데자네이루에서는 키스를 볼에 두 번씩 했을 걸요? 상파울루 시민들은 여유가 없어서 한 번밖에 안 해요."
 시대를 거스르는 왕당파였고, 지극히 귀족적인 생활방식을 고수했던 보수주의 작가 발자크의 〈고리오 영감〉을 두고 마르크스는 '위대한 리얼리즘의 승리'라는 수식어를 붙였던가. 과연 '인간의 출신 조건이나 의식 수준을 가볍게 뛰어넘는 현실의 힘'이라는 문장은 언젠가 페르난도 메이렐레스에게도 동일하게 쓰여질 수 있을까? 다른 건 몰라도 이것 하나만은 분명할 것이다. '헬리콥터로 출퇴근하는 브라질 상류층의 세계, 1만 볼트의 전기가 흐르는 높은 담장에서 걸어 나온 이 아저씨 덕택에 화성보다도 더 먼 거리에 있던 파벨라가 한국에 있는 우리 앞에까지 바짝 다가올 수 있었다는 것'말이다.

★ Brasilia, Brazil

비현실의 현실, 브라질리아

모더니즘과 코뮤니즘의 결혼,
정말 결혼은 미친 짓일까?

"아……."

만약 당신이 브라질리아에 당도한다면 가장 먼저 내뱉을 단어는 바로 이 한 마디뿐일 거다. 영국이나 미국 사람이라면 '오, 마이 갓!'을, 이탈리아계라면 '맘마미아!'를 외칠 수도 있겠지. 왜냐고? 글쎄…… 보지 않으면 알기 힘들다. 이 외계 같은 황무지, 이 기묘한 기하학의 향연지, 브라질리아.

브라질리아는 솔직히 관광지로는 적합하지 않은 도시다. 브라질 내륙 한가운데라서 주요 관광지가 몰려 있는 해안가(오, 이파네마 해변, 코파카바나 해변이여!)에서 너무나도 멀기 때문이다. 하지만 '현존

'여기는 화성, 지구인이 살고 있다'

하는 세계 최고의 건축가' 오스카 니마이어Oscar Niemeyer는 이 황량한 황무지에 지상 최고의 인공 구조물을 떡하니 건설해 놓았다. 청년 오스카의 꿈, 이념, 애정이 담뿍 담긴 브라질리아와의 조우. 꿈결을 걷는 듯한 묘한 체험이었다.

로맨틱 코뮤니스트, 100세 청년 오스카 니마이어를 만나다

'남미 3만 킬로미터 로드무비'를 처음으로 꿈꾸기 시작했던 2년 전부터 브라질리아는 어떤 일이 있어도 꼭 가봐야 하는 핵심 포스트 중 하나였다. 어릴 적 백과사전에서 얼핏 봤던, 우주선을 닮은 각양각색의 미래형 건축물들이 여전히 기억에 선명히 남아 있던 탓이었다. 1907년에 태어나 2008년에 101세를 맞은, 건축계의 살아 있는 전설 오스카 니마이어의 창조물들이었다. 유네스코가 지정한 '인류 문화유산'이라는 타이틀은 덤이다.

하지만 솔직히 라틴아메리카에 첫발을 딛는 순간까지도 오스카 니마이어를 직접 만나리라는 기대는 희박했다. 지구 정반대편에 위치한 한국에는 그에 대한 기본 정보조차 제대로 갖춰져 있지 않은 탓에 이 기이지수期頤之壽의 거장이 여전히 생존해 있는지, 이미 숨을 거뒀는지조차 불분명했다. 브라질 최대 도시 리우데자네이루에 도착한 날, 무작정 여기저기를 수소문한 끝에 간신히 연락처를 손에 쥘 수 있었다.

이 아파트의 콘셉트는 소통, 흐름, 평등, 공존이었다…… 이상은 언제나 현실을 비껴간다

전화를 걸면서도 인터뷰가 가능할 것 같다는 확신은 없었다. 명색이 현존하는 세계 최고의 건축가로 평가받는 인물인데다가 이미 천수를 누릴 대로 누린 노인네가 아닌가. 작은 나라 '사우스 코리아'에서 날아 온 낯선 이방인의 인터뷰 요청에 선뜻 응할지 자신이 없었다.

"세뇨르 니마이어는 일주일에 두세 번 사무실에 나오십니다. 연락이 되는 대로 의향을 여쭤보죠. 인터뷰를 허락하시면 호텔로 바로 전화 드리겠습니다."

이틀 후, 전화 속 비서의 영어 발음은 명쾌했다.

"내일 오전 11시까지 사무실로 오시면 됩니다."

오스카 니마이어의 사무실은 우리가 묵고 있는 호텔에서 걸어서 10분 거리에 위치해 있었다. 코파카바나 해변의 한 고급 맨션 22층 펜트하우스에 올라가니 사방이 툭 트인, 코파카바나의 화려한 풍광이 한눈에 들어오는 경관 좋은 거실이 눈앞에 나타났다. 니마이어의 집무실로 들어서는 순간 꽉 쥔 양손바닥 안에 땀이 흥건히 배었던가, 아니던가.

"건축의 절대선? 사람들을 놀라게 하는 것이다!"

휠체어에 의지한 채 낯선 동양인을 지긋이 바라보는 니마이어는 명성과는 달리 시골 할아버지처럼 푸근한 인상이었다. 흰 셔츠에 아이보리색 면바지를 입고, 자그마한 갈색 구두를 신은 그는 때때로 헤벌쭉한 미소를 지어보이기까지 했다. 하지만 건축과 정치, 세계사에 얽힌 다양한 질문이 나오자마자 눈매가 날카로워지더니 카랑카랑한 목소리로 열변을 토하기 시작했다.

●명성에 비해서 어린 시절이나 건축가가 된 과정은 알려져 있지 않은데요.

"어릴 때부터 그림 그리기에 관심이 많았지. 그림에 대한 매혹이 건축학으로 발전한 셈이라오. 나는 건축의 가장 중요한 특성을 경이로움으로 꼽는데, 바로 그 '발명', '창조'라는 점이 좋아서 건축가의 길로 들어섰지."

●루시우 코스타나 쿠비체크 전 대통령과 얽힌 추억이 많을 것 같습니다.

"대학생 때 건축가 루시우 코스타와 카를로스 레아웅의 사무실에서 일했소. 운이 좋았지. 많은 것을 배웠으니까. 쿠비체크는 대통령이 되기 전에 내게 팜풀라Pampulha 프로젝트니마이어의 첫 작품. 쿠비체크가 벨로리존테 시장으로 재직할 당시 추진했던 도시 개발 프로젝트. 인공호수 주변에 박물관, 교회, 레저클럽 등을 건축해 현대적인 도시로 탈바꿈시켰다에 참여할 기회를 주었소. 이것이 브라질리아 건설의 시발점이라고도 볼 수 있지. 어느 날, 대통령이 된 쿠비체크가 집으로 찾아와서 이렇게 말했거든. '우린 함께 팜풀라를 건설했잖아? 이제는 우리의 수도를 같이 만들 차례야!'"

세계 최고 건축가의 꿈과 이상,
그리고 장엄한 실패

● 평가가 극명하게 엇갈립니다. '미래주의와 모더니즘을 반영한 최고의 건축물'이라는 찬사이거나 '조형미에만 치중해서 기능을 무시한 조각작품'이거나.

"난 '건축이란 사람들에게 경이로움을 불러일으킬 때에만 비로소 그 역할을 다했다'고 생각한다오. 사람들에게 감정을 불러일으킬 수 있을 때에야 비로소 하나의 예술작품으로 자리매김한다는 것이지. 그래서 비판에 그다지 신경쓰지 않는다오. (부연 설명을 요구하자) 내가 누구를 만나든 항상 강조하는 말이 있소. '건축보다 훨씬 더 중요한 것이 삶이다!' 물론 건축은 내 인생의 모든 것이지만, 더 중요한 것은 부조리한 세상을 더 살기 좋은 곳으로 변화시키는 것이오. 난 이제까지 그 원칙에서 벗어난 적이 없고, 그런 점에서 당당하다는 것이지."

● 군사정부에 의해 해외로 망명했던 힘든 시기에 대해 말씀해주시죠.

"별로 힘들지 않았는데? 일거리에 파묻혀서 살았거든, 허허. 작품이라…… 알제리의 콘스탄티니대학이 대학 건축 역사에 새로운 기준을 세운 작품이지. 나는 예전부터 대학을 생각할 때마다 '서로 연결된 두 건물'을 상상했소. 학과 수업용 건물과 과학 연구용 건물. 두 가치관이 유기적으로 결합된 '미래의 학문'을 대학 건물에 구현하고 싶었소. 콘스탄티니 대학생들은 그 즐거움을 맛보고 있겠지."

● 브라질리아 얘기를 빼놓을 수 없겠죠. 기법과 가치관 등을 소개해주시죠.

"루시우 코스타가 설계하고 내가 건물을 지었지. 우리가 바랐던 건축학적 이상, 사회학적 이상을 모두 담았소. 물론 건축학의 관점으로 봤을 때 브라질리아는 좋은 측면과 나쁜 측면을 동시에 갖고 있소. 하지만 우리가 담고 싶었던 건축의 제1가치는 자유로움이었지! 브라질리아는 이 자유로움을 극단까지 밀어 부친 용감한 사례였다고 생각하오.

5년이라는 짧은 기간에 새로운 수도를 건설하겠다는 쿠비체크 대통령의 용기와 낙천성 또한 충분히 가치있는 것이오. 하지만 브라질은 자본주의 국가이기도 하니까, 브라질리아 안에도 '자본주의적 차별' 요소가 섞여 들어갈 수밖에 없었소. ('브라질리아의 아버지'로서 정작 수도 개관식에는 참석하지 않았던 이유를 묻자) 세리머니가 내 취향에 비해 너무 호화로워서 피했을 뿐 다른 이유는 없소. 내게는 건축을 통해 사람들에게 놀라움과 감동을 주는 것만으로도 충분하니까."

니마이어는 한동안 침묵을 지켰다. 머나먼 옛일을 떠올리는 듯 눈동자는 허공에 고정되어 있었다. 모더니즘과 코뮤니즘을 이상향으로 삼는, 니마이어를 위시한 젊은 건축가들이 건설한 브라질리아는 잘 알려져 있다시피 도시의 기능성 면에서는 낙제점에 가깝다. 장관부터 하위직 공무원까지 모두가 평등한 공간에 살게 하겠다는 코뮤니즘의 이상도 이미 실패로 귀결되고 있다. 도시 외곽의 빈민촌 '안티브라질리아'가 니마이어의 실패한 이상을 증명한다. 그래서일까. 그는 더 이상 브라질리아에 대해서는 코멘트를 하지 않았다. 다만,

국회의사당 앞에서 붉은 석양 아래 첫 삽을 뜨던 그들을 생각하다

"윗뚜껑이 상원, 아랫뚜껑이 하원." 브라질리아는 놀랍도록 합리적이었다!

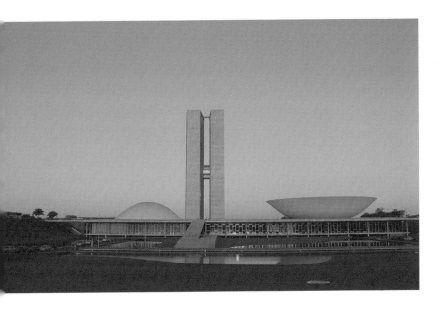

개관식에도 참석하지 않은 그의 행보에 비춰볼 때 브라질리아 건설 당시부터 자신의 이상이 결코 실현될 수 없을 것이라는 부정적인 인식을 이미 갖고 있었던 게 아닐까, 짐작할 뿐이다.

인터뷰를 마무리할 시간이 다가오고 있었다. 인터뷰를 위해 대기하고 있는 것은 우리들만은 아니었다. 사무실 밖에는 니마이어의 육성을 들으려고 찾아오는 전 세계 곳곳의 수많은 언론인들이 줄을 서고 있었다. 갑자기 니마이어가 바깥에서 웅성거리고 있는 일군의 젊은 여성들을 바라보더니 눈을 찡긋하며 농담을 던진다.

"하지만 아름다운 여성과 즐거운 대화를 나누는 기쁨은 세상 모든 것들을 무의미하게 만들기도 하지. 그렇지 않소?"

하하. 프랑스 공산당원이었던 화가 피카소도 일흔을 넘길 때까지 무수한 염문을 뿌리고 다녔다. 위대한 시인 네루다도 예순이 넘은 나이에 스무 살 연하의 셋째부인과 결혼하기 위해 온 몸을 불살랐다. 그러고 보니 위대한 코뮤니스트들은 하나 같이 바람둥이 유전자를 갖고 태어나는 건가? 100세를 목전에 둔 영원한 건축 청년, 오스카 니마이어는 동양에서 온 낯선 이방인 앞에서 마지막까지 삶에 대한 열정을 놓지 않고 있었다.

"건축이란, 사람들을 놀라게 하는 것이 바로 절대선이다."

오스카 니마이어는 인터뷰 내내 이 말을 쉼 없이 강조했다. 이제는 정말 놀라러 갈 시간이다. 브라질리아행 고속도로에 올라섰다.

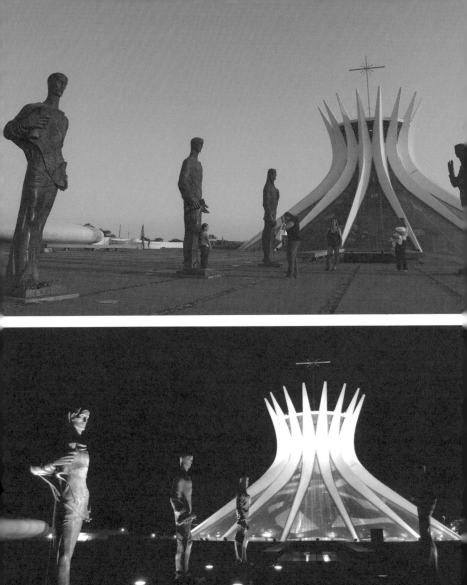

간절한 기도를 올리는 깍지 낀 손가락, 대성당 '메트로폴리타나'의 낮과 밤

고속버스를 타고 비행기에 도착했다!

"비행기를 타지, 웬 버스?"

막상 버스를 타고 브라질리아까지 가겠다고 했을 때 브라질 현지에서 새롭게 사귄 지인들은 하나같이 고개를 갸우뚱했다.

"너네 동양인들 돈 많잖아. 브라질 사람들도 거기까지 버스를 타진 않아. 뭐 (돈 많은) 관료나 정치인들을 제외하고는 거기까지 갈 일도 없지만."

총 20시간을 꼬박 달려야 하는 길, 버스에 오른 지 얼마 되지도 않아 후회가 몰려왔다. 남미 여행길에서 이렇게 곳곳에 구멍이 심하게 파인 도로는 처음이었다. 남미 최대 강국이라는 브라질에서, 그것도 수도로 향하는 단 하나뿐인 고속도로 위에서 5분이 멀다 하고 자리에서 뛰어 올라야 하는 고역이라니.

눈길을 사로잡는 이국적인 풍광이라도 있다면 좀 나을 텐데, 어스름이 잔뜩 깔리기 시작한 주변 풍경은 황량함 그 자체였다. 한참 전에 '벨로 호리존테'라는 썰렁한 도시를 하나 지난 다음부터 인가라고는 눈을 씻고도 찾아볼 수 없는 아득한 지평선만이 펼쳐지고 있었다. 중간 중간 기착하는 휴게소 건물들은 낯선 행성과도 같은 이 황무지 위에 냉랭함을 한층 더했다. 영화 〈파리, 텍사스〉에서 트래비스가 처음 마주친 풍경 또한 이랬을까.

"오스카 니마이어, 당신 도대체 무슨 짓을 한 거야!"

미국의 한 언론인이 이 길 위에서 내뱉었다는 한숨의 의미를 이제야 이해할 것 같다. 이 고행이 언제 끝나려는가.

　은근슬쩍 동이 터오는가 싶더니 마침내 저 멀리서 브라질리아가 서서히 모습을 드러냈다. "천 년 후 후세들은 브라질리아를 지금의 이집트 피라미드에 버금가는 인류 최고의 건축물로 기억할 것이다"라는 혹자의 찬사와 "앙상한 코뮤니즘과 자기도취적인 모더니즘이 만나 최악의 결과를 낳은 도시"라는 또 다른 누군가의 비판이 첨예하게 부딪치는 그곳. 경제 불황이 닥쳐올 때마다 마음이 가난한 영혼들이 "외계인이 있다면 반드시 이리로 내려올 것"이라며 떼를 지어 출몰하기도 하는 만화같은 상상력의 도시가 눈앞에 드러나고 있었다.

모더니즘의 세련된 극치냐, 보행 불가능의 엉터리 도시냐

　외계인이 내려오는 것이 아니라, 도시 자체가 곧 날아오를 듯한 비행기였다. 인포메이션 센터에서 지도를 받아 동서남북을 가늠해보고서 내가 '오른쪽 날개' 지구에 내렸음을 알았다. 고급 호텔과 거대 쇼핑몰, 터미널 등이 몰려 있는 지구다. '파일럿 플랜Pilot plan'으로 명명된 루시우 코스타의 설계 도면과 한 치의 어긋남도 없이 건설된 브라질리아는 전체적으로 삼각형의 모양을 띤다. 비행기의 본체에 해당하는 16차선의 광활한 도로가 동서로 길게 지나고, 그 동쪽 끝 조종석에 삼권광장, 국회의사당, 대통령궁 등 핵심 국가기구들이 몰려 있다. 활 모양으로 휘어진 양 날개는 주거와 상업용으로 배정되어 있다.

주거, 행정, 교통 지구의 명확한 분리. 이것은 브라질리아가 스위스 태생의 모더니스트 건축가 르 코르뷔지에의 적자라는 명백한 증거다. 각종 장식과 인테리어가 난무하는 스타일을 '부를 과시하기 위한 천박한 건축'이라고 일축하며 모더니즘의 원칙_{미래성, 실용성, 진보성}에 입각한 '기능주의 건축 이념'을 수립한 이다. 각종 도로망을 따라 직육면체 고층 빌딩숲이 들어서는 현대 도시의 개념을 최초로 착안하고 현실화시킨 장본인이라 할 수 있다.

코르뷔지에는 1920년대부터 남미를 지속적으로 방문하며 이곳 건축가들에게 깊은 영향을 미쳤다. 당시 전도유망한 젊은 건축가였던 오스카 니마이어는 코르뷔지에 밑에서 직접 수학했고, 니마이어의 스승이자 오랜 친구이기도 한 루시우 코스타 또한 직접적인 영향권 아래에 있었다. 두 사람은 1936년 남미 최초의 현대적 건물로 평가받는 리우데자네이루의 교육보건성 건물을 건축할 때, 설계 단계부터 코르뷔지에의 제안을 전면적으로 적용하며 모더니즘 건축사의 새로운 장을 열어젖히기 시작했다.

그 기능주의 건축 이념의 결정판이 브라질리아다. 말 그대로 아무 것도 없는 곳에 붓으로 그림을 그리듯 자유로운 설계도를 그릴 수 있었던 브라질의 건축가들은 이념에 100퍼센트 충실하게 주거, 업무, 쇼핑, 행정 공간 등을 분리했다. 건물들 사이, 각 지구 사이에는 광활한 빈 공간을 두었다. 시민들이 햇빛과 바람을 충분히 즐길 수 있어야 한다는 것이 그 이유였다. 다른 지구로 이동하기 위해서는 자동차를 이용한다는 전제 하에 최대 16차선에 달하는 광활한 도로망이 구축됐다. 심지어 도시 건설 초기에는 보행자를 위한 신호등이 전혀 설치되지 않았을 정도로 걷는 이에게는 철저한 무관심으로 일관했다. 그 결과 1960년, 건물과 빈 공간의 비율이 1대 1에 가깝고, 러시아워와는 완벽하게 무관하며, 도시 수용 인구는 50만 명으로 딱 고정된 '도시 이데아' 가 물화物化했다.

백문이 불여일견, 브라질리아를 직접 걸어보기로 했다. "세상에 존재하는 모든 보행자의 지옥을 한군데에 모아놓은 곳"이라는 평가가 정당한지 부당한지 알 수 있겠지.

'결국은 당신들의 천국', 안티브라질리아의 어둠을 보다

그 전에 숙소를 먼저 정하는 것이 급선무였다. 눈에 띄는 호텔마다 문을 두드려 봤지만 200달러에 달하는 살인적인 숙박료에 저절로 한숨이 터져 나왔다. 그때 "30달러면 묵을 수 있는 값싼 호텔이 있다"는 귀가 솔깃한 조언이 들려왔다. 덥석 물었다.

승합차를 개조한 비좁고 낡은 버스에 오를 때 의심을 품어봤어야 했다. 가도 가도 끝이 없었다. 도심 외곽의 인공호수 파라노아를 건넌 지도 한참인데도 그 깨끗하고 값싸다는 호텔은 코빼기도 보이질

않는다. 짙은 황토빛 황량함 속으로 30킬로미터쯤 달렸을까, 저 멀리 목적지가 나타났다.

허술하게 세워진 단층 건물들이 듬성듬성 보였다. 브라질리아에 속해 있다는 것이 믿어지지 않을 정도로 앙상한 건물들과 낯선 동양인을 날카롭게 쏘아보는 새까만 사람들의 물결이 눈앞에 펼쳐지고 있었다. 종점에 도착한 다음에도 얼이 빠져 내릴 생각도 못하고 있자 운전기사가 의아한 눈빛으로 쏘아보았다. 결국 도심으로 다시 돌아가자는 말을 꺼내자 비아냥거리는 목소리가 따라붙었다.

"이곳이 마음에 안 들어? 왜, 여기도 여관, 클럽, 오락실, 레스토랑, 있을 건 다 있잖아?"

브라질리아의 어두운 그림자였다. 나중에 알고 보니 이곳은 브라질리아의 위성도시, 타괴팅가. 50만 명만을 위한 도시에서 500,001번째 거주자가 살 곳은 없었다. 기회를 찾아 왔으되 초대받지 못한 빈민들은 자연스럽게 외곽에 가건물을 짓고 정착했다. 결국 전체 시민 200만 명 중 70퍼센트가 몰려 사는 위성도시들은 이 '안티브라질리아'라는 불명예스러운 이름으로 도시를 감싸고 말았다.

우여곡절 끝에 다시 비행기 오른쪽 날개 지구의 값비싼 호텔에 짐을 풀고 서둘러 도시 투어에 나섰다. 도시 한가운데에 위치한 텔레비전 탑 쪽으로 가보고 싶었는데, 거대한 도로들 사이에 갇힌 삼각형 모양의 그곳에 어떤 경로로 갈 수 있는지 알 길이 없었다. 결국 횡단보도는 눈을 씻고도 찾을 수 없는 16차선 도로를 따라 대책 없이 동쪽으로 걸어 내려가 보기로 했다.

브라질리아는 절기가 한국과는 반대인 탓에 한참 늦겨울을 보내는 중이었다. '드넓은 녹지가 곳곳에 조성된 계획도시'라는 언명이 무색하게도 도로와 도로 사이에 갇힌 평지들에 수풀이 누렇게 죽어 있어서, 가뜩이나 황량한 풍경을 더욱 스산하게 만들고 있었다. 아이작 아시모프의 소설 〈강철도시〉나 영화 〈2001 스페이스 오디세이〉에서 인공지능 컴퓨터 할이 보여주던 최첨단 미래도시를 상상하며 가슴 설레던 기억이 무안해졌다. 봉준호 감독의 영화 〈도쿄〉에서 그려낸 '하루 아침에 모든 시민들이 히키코모리가 되어 인파가 완전히 사라진' 쓸쓸한 도시를 닮은 그곳을 그렇게 마냥 걷고만 있었다.

30분을 걷자 드디어 16차선 도로를 크게 가로지르는 거대한 육교가 나타났다. 육교 바로 아래에 버스 터미널이 위치해 있었다. 그 어디에 숨어 있었나 싶은 시민들이 수없이 활보하고 있었는데, 육교를 건너 조종석 쪽으로 다시 방향을 잡자마자 그 물결이 뚝 끊겼다. 오스카 니마이어 건축의 정수라 불릴 만한 건물들이 모습을 드러내기 시작하자 가끔씩 차에서 내려 셔터를 눌러대는 관광객들은 눈에 띄는데 시민의 숫자는 손에 꼽는다. 적정 인구수의 4배가 넘는 이 도시의 현실을 반영하듯 드넓은 도로의 한쪽은 한 차선을 모조리 점령한 채 주차된 자동차의 행렬이 끝없이 늘어서 있었다.

코르뷔지에의 직선에 니마이어의 곡선이 더해진 도시, 브라질리아

휴머니티의 'H' 모양 국회의사당 사이로 태양이 지고 있었다

다시 외톨이가 된 이방인을 가장 먼저 맞은 건물은 멕시코 아스테카 신전을 모델로 했다는 국립극장. 직사각형의 투명 플라스틱 3,608개를 쌓아올려 만든 피라미드형 건물이다. 4면 모두 생김새를 다르게 구축한 이 피라미드형 건축물을 바라보고 있자니 "역시 니마이어!"라는 감탄사가 저절로 배어 나왔다.

바로 건너편에 위치한 대성당 '메트로폴리타나'로 향하는 길, 감탄사도 덩달아 깊어졌다. 깍지를 끼고 기도하는 손가락의 끝부분을 형상화한 16개의 받침대 위에 거대한 왕관이 서 있는 듯한 유리돔이 이방인을 맞는다. 밖에서 볼 땐 사람 키보다 조금 더 큰 정도의 아담한 크기지만 지하로 깊숙이 파고 들어간 넓은 예배당이 그 안에 자리 잡고 있다. 유리돔을 파고드는 햇빛이 공중에 매달려 있는 천사 모빌을 비출 때면 지상 그 어디에서도 찾아볼 수 없는 성스러운 분위기가 성당 전체를 감싼다. 밤이 되면 스스로 쏘아 올리는 불빛으로 새하얀 천국의 이미지를 완성하는 브라질리아의 대표적인 건축물 중 하나다.

성당 옆의 외무부 건물도 니마이어적이다. 외관을 감싼 기둥과 건물 사이의 빈 공간, 그리고 가득 고인 물이 한데 어우러지면서 만들어지는 조화가 인상적이다. 마치 금방이라도 땅을 박차고 뛰어오를 것처럼 건축물은 생동하고 있었다. 곡선으로 한없이 물결치는 유려한 '선의 향연' 앞에 할 말을 잃고 말았다. 니마이어가 스승인 코르

뷔지에의 모더니즘 건축을 구현했으면서도 거장으로 인정받는 이유는 거기에 자신만의 독특한 개성을 덧붙이는 것을 잊지 않았기 때문이다. 바로 브라질만의 풍경을 작품 안에 심는 것이었다. 주변 자연환경과 조화롭게 어우러질 뿐 아니라 직선을 중시하는 유럽 방식과는 달리 유려한 곡선의 라인으로 더욱 풍성해지는 건축물은 이후 그의 트레이드마크 중 하나로 자리 잡았다.

국회의사당 앞에 이르렀다. 워낙 충격적인 초현실적 외양 탓에 한번 보면 좀처럼 그 잔상이 가라앉지 않는다. 비행접시를 반으로 쪼개 나란히 늘어놓은 듯한 기묘한 배치를 보고 있노라니 이 곳이 지구인지, 우주기지인지 분간하기 힘들 정도다. "상식적으로 생각하면 금방 알 수 있지. 윗뚜껑이 상원, 아래뚜껑이 하원이야"라던 현지인의 우스갯소리가 어렴풋이 떠올랐다.

국회의사당 뒤쪽, 대통령궁과 최고재판소 사이에 위치한 삼권광장으로 건너가는 길은 험난했다. 좀처럼 멈추지 않는 자동차의 행렬을 뚫고 무단횡단을 해야 했지만 수많은 건축물들에 도취된 탓인지 터무니없이 대범해졌다. 행정, 입법, 사법 등 국가의 세 권력을 상징하는 이 광장은 햇빛이 잦아들수록 더욱 아름답게 솟아오른다. 높이 100미터가 넘는 국기 게양탑에서 펄럭이고 있는 초대형 브라질 국기가, 아래로부터 뿜어져 나오는 조명에 아롱지는 '노동전사의 상'을 묵묵히 내려다보고 있다. 광장 중앙에 위치한 역사박물관의 전면부에 불쑥 튀어나온 쿠비체크 대통령의 얼굴 조각이 어둠 속에 잠겨

외관을 감싼 기둥과 건물 사이 빈 공간을 넘나드는 물의 향연. 브라질의 외무부청사이다

노블한 공간을 완전히 없애면 평등해지리라 믿었던 그들의 이상주의는 어디를 떠돌고 있을까

있는 삼권광장, 아니 브라질리아를 날카롭게 쏘아보고 있다. 저 멀리 휴머니티를 뜻한다는 'H' 모양으로 건설된 28층짜리 국회의사당 부속건물 사이로 태양이 조금씩 가라앉고 있다.

빛나는 솔로들, 그러나 실패한 협주곡

1956년 '50년의 진보를 5년 안에'라는 구호 아래 이 황무지 한가운데 새로운 수도를 건설하겠다는 발상을 한 쿠비체크 대통령이나, 한 달만에 뚝딱 제트기의 외양을 본딴 도시 계획도를 완벽하게 뽑아낸 루시우 코스타나, 짐짓 시치미를 뗀 채 인류문화유산으로 손꼽히는 건축물들을 아무렇지도 않게 도시 곳곳에 박아 넣은 오스카 니마이어나, 모두 보통사람들이 아닌 것만은 분명하다. 그런데도 브라질리아를 '오스카 니마이어의 도시'라고 부르는 데는 이유가 있다. 당시 도시계획자들이 꿈꿨던 '미래 도시를 향한 꿈'은 '완벽한 실패'라는 비판을 받지만, 주옥같은 건축물에 대한 칭송은 날이 갈수록 높아가고 있기 때문이다.

브라질리아 건설이 본궤도에 올랐을 당시, 오랜 친구였던 대통령 쿠비체크의 전폭적인 지원 아래 도시계획과 건물설계 모두를 책임질 가능성이 높았던 니마이어는 의도적으로 도시계획 공모전에 참가하지 않았다. 결국 총책임자의 자리는 루시우 코스타에게 돌아갔다. "브라질리아의 랜드마크가 될 몇몇 건물 설계에만 집중하고 싶었다"고 그 이유를 밝혔다지만 석연치는 않다. 아마도 브라질리아가 건설되는 방식에 대해 막연한 불안감이나 불만이 있지 않았을까. 설계 당시 브라질리아에는 '노블한 공간'을 완전히 없애고자 하는 코뮤니스트 니마이어와 코스타의 소망 또한 담겨 있었지만 "브라질리아의 건설 과정에 코뮤니즘의 이상이 얼마나 반영되었는가"는 질문에는 분명한 답변을 피했다.

"나는 비관론자요. 우리 모두는 은하수 경계에 살고 있고, 지구상에 존재하는 것은 모두 우리의 것이 아니지. 우리는 너무 약하고 희망 없이 생명을 조금씩 잃어가고 있소. 하지만 우리는 시간의 저편으로 사라지는 그 순간까지 각자의 역사를 써내려가. 건축을 하려는 사람들에게 내가 당부하고픈 건 '이것이 사람들에게 어떤 의미로 다가갈까'를 고민하라는 것이지. 건축물이 차별 없이 모든 사람들에게 자유롭게 제공되고, 그 기능과 아름다움을 누구나 마음껏 누릴 수 있는 세상이 되는 날, 건축은 가장 인간적인 모습으로 지구상에 우뚝 설 수 있을 테지."

유려한 곡선으로 넘실대는 브라질리아의 한복판에는 이 도시와는 어울리지 않는 똑같은 모양의 투박한 아파트들이 줄지어 서 있다. 정부 소유의 이 건물들은 장관부터 각 부처에서 일하는 말단 직원까지 함께 섞여서 살 수 있도록 설계됐다. 부유한 지역과 가난한 지역의 벽을 허물겠다는 그들의 이상은 모더니즘 건축양식과 결합돼 세계사에 유례없는 독특한 도시, 브라질리아를 탄생시켰다. 결국 처음 의도와는 달리 빈부격차는 더 심화되고, 도시는 포화상태에 이르렀으며, 안티브라질리아가 엄존하는 지금의 모습이 현실이 되긴 했지만.

　브라질리아에 어느덧 어스름이 깔리고 있다. 브라질리아의 상징물, 국회의사당 건물이 석양에 물들어 오렌지빛으로 영롱하게 빛나고 있다. 유리창에 반사되는 햇빛에 얼굴을 찌푸리다가 문득 고개를 돌려 뒤를 바라보니 황량한 벌판이 불타오르는 것처럼 벌겋게 달아오르고 있다. 그 옛날 이 막막한 황무지 위에서 첫 삽을 뜨던 그네들은 어떤 심정으로 저 석양을 바라봤을까. 먹먹해진 가슴 위로 오스카 니마이어가 쉼 없이 강조했던 한 문장이 다시금 떠오른다.

　"건축이란, 사람들을 놀라게 하는 것이 바로 절대선이다."

★ Curitiba, Brazil

미래의 녹색도시, 쿠리치바

이제 우리, 불가능한 꿈을 꾸자

여행하는 틈틈이 난 라틴아메리카에 왜 왔는지를 자문하곤 했다. 세계 3대 미항, 리우데자네이루에서 겪은 강렬한 체험은 그 어디에서도 찾아보기 힘든 것이었다. 모더니즘과 코뮤니즘의 이상이 빚어낸 인공도시, 브라질리아의 풍광 또한 상상 그 이상이었다. 하지만 체류 기간 내내 긴장을 풀지 못한 탓에 이미 지칠 대로 지친 몸과 마음은 무조건적인 거부 증상을 보이기 시작했다. 여행에도 휴식이 필요하다. 나는 날카로워진 신경을 가라앉히기 위해 리우데자네이루에서 한 시간 거리에 있는 한적한 해변, 부시오스로 발걸음을 옮겼다.

이곳은 프랑스 여배우 브리짓 바르도가 머물다 간 이후 유명세를

생명이 우거지게 하라, 새 희망이 떠오를 것이다

탄 아름다운 시골 마을이다. 새하얀 백사장과 2층 높이의 고풍스러운 건물이 줄줄이 늘어서 있는 부시오스는 전 세계에서 찾아온 각양각색의 휴양객들로 북적거리고 있었다. 그렇다고 혼잡한 느낌은 전혀 없다. 사람들은 공중을 부유하듯 편안한 얼굴로 조용히 태양과, 바다와, 사람들을 즐기고 있을 뿐이었다. 시간이 제자리에 정지한 것과도 같은 느낌이다. 그렇다. 여행의 본래 의미는 바로 이런 것이다. 그렇게 2주가 넘도록 빡빡한 스케줄도, 한국으로 전송해야 할 글도, 나날이 줄어들어가는 여행 경비조차도 모두 잊은 채 멍하니 시간을 흘려보내고 있었다.

하지만 천국과도 같은 부시오스에도 현실의 어두운 그림자는 비켜가지 않았다. 브라질 전통식당 슈하스카리아에서 일하는 순박한 미소의 청년, 세사르를 지금도 기억한다. 일주일에 한 번 있는 휴일을 기꺼이 우리 일행에게 투자해 해변 곳곳을 안내해준 이 착한 청년은 늦은 밤, 함께 술잔을 기울이다 눈물을 쏟았다. 아버지 대에 독일에서 이민을 왔다는 청년은 부모를 일찍 잃은 탓에 제대로 된 교육을 받지 못했다. 외양은 멀쩡한 백인이었지만 그가 쓸 수 있는 언어는 포르투갈어와 짧은 스페인어가 고작이었다. 이미 독일어는 완벽히 잊었고 영어도 'Good Morning'이라는 철자조차 제대로 쓸 수 없는 수준이었다. 석 달째 임금이 밀려 별 수 없이 이 아름다운 해변을 떠나야 한다는 그의 슬픈 고백 앞에 그저 기나긴 침묵만이 흘렀다. 돈을 벌기 위해 곧 리우데자네이루로 떠날 계획이라는 이 청년이 가

닿을 곳은 어디일까. 브라질인이지만 브라질에 동화될 수 없는, 독일계이지만 이미 독일어를 완벽하게 잊어버린 이 미아 청년은 파벨라가 곳곳에 산재해 있는 대도시 그 어디에 자리를 잡을 수 있을까.

"쿠리치바!"

그래, 희망을 보고 싶었다. 그림자 천국이 아니라, 실현가능한 현실의 천국이 보고 싶었다.

재야의 고수처럼, 제3세계 브라질에 숨어 있는 엄청난 도시

'지속 가능한 발전'이라는 말은 어쩐지 '미다스^{Midas}의 손'처럼 허황되게 들린다. 손에 닿는 모든 것을 황금으로 변하게 만들어서 끝없는 부를 누리고자 했던 어리석은 그리스의 왕 미다스가 맞닥뜨린 건 목마름, 죽음에의 두려움이었다. 미다스 왕처럼 이용가능한 모든 것을 닥치는 대로 경제가치로 환산하며 유례없는 부를 축적한 21세기도 휘청대고 있다. 고갈되지 않을 것 같던 석유, 석탄, 공기, 바다, 하늘까지 모든 것이 바닥을 드러내간다. 증기기관차처럼 끊임없이 연료가 주어진다는 전제로 달리던 열차가, 멈추는 정도를 넘어서 인류의 생존 자체를 위협하고 있다. 인류는 이제 정말로 파멸로 치달을 것인가. (그런데도 아직까지도 교토의정서 인준을 거부하고 있는 미국 정부의 사례에서 보듯 개발을 포기하지 못하는 인류의 욕심은 지구를 더 큰 위기로 내몰고 있다.) 어떻게 하면 이 파국에서 회복될 수 있을까. 모든 정

명쾌하고 경쾌한 도시, 쿠리치바

센트로의 상징, 원통형 정류장. 의식있는 월트디즈니가 만든 도시의 결정판

치 경제인들의 화두다.

그런데 그 꿈같은 일을 이룬 도시가 있다.

"토론토에서 실시되고 있는 도시계획은 모두 쿠리치바에서 배워온 것이다."

캐나다 토론토의 시장이 찬사를 바친 도시, 1995년 로마클럽에 의해 '희망의 도시'로 명명되고 매년 '세계인이 가장 가고 싶어하는 10대 도시'로 꼽히는 곳. 미국의 시사주간지 〈타임〉이 '재미와 장난으로 시작해 결국 전 세계 모든 도시들이 꿈꾸는 이상향이 된 곳', '지구에서 환경적으로 가장 올바르게 사는 도시'라는 극찬을 침이 마르게 쏟아내는 도시.

제3세계, 가난한 브라질에 속해 있으면서 선진국 그 어느 도시도 흉내 내지 못하는 위대함을 갖추고 있다는 엄청난 평가를 받는다니, 거의 괴물같이 느껴질 정도였다. '의식있는 월트디즈니가 만든 꿈의 도시'라는 타이틀로 한국 TV에도 여러 번 소개됐다는 기억이 떠올랐다. 곧바로 짐을 꾸렸다. 12시간을 차로 꼬박 달려야 도착하는 먼 거리였다.

건강한 4차원 도시, 역사에 길이 남을 사고치다

시내의 한복판, 센트로에 첫 발을 내딛자마자 쿠리치바가 체감된다. 원통형 정류장과 이중굴절버스를 마주하는 순간 저절로 탄성이

쿠리치바에서 '흐린 가을 하늘'에 편지쓸 일은 내내 없을 것이다. 청명한 하늘 아래를 맘껏 거닐었다

나왔다. 미학적인 아름다움과 편리한 교통체계라는 서로 어울리지 않는 테마를 조화롭게 버무린 도시의 랜드마크. 페트병을 본따 만들었다는 투명 원통 정류장은 가난한 제3세계 국가라는 현실에 역발상으로 맞선 걸작이다. 나날이 악화되는 교통문제의 대안으로 누구나 손쉽게 지하철을 떠올린다. 하지만 쿠리치바 시에는 그 만큼의 재정 여력이 없었다. 그래서 오히려 이중굴절버스 전용차선을 만든 뒤 수백 명이 한꺼번에 머무를 수 있는 원통형 정류장에서 미리 버스요금을 받는다는 아이디어로 혼잡한 교통문제를 해결했다. 여기에 도시의 경관을 철저히 계산한 미학적 감각으로 탁월한 도시의 랜드마크까지 창조해냈다.

'꽃의 거리'로 불리는 도시의 중심가로 발길을 옮겼다. 도시 분위기를 차분하게 유지해 주는 정갈한 벽화들이 곳곳에서 눈에 띄었다. 1년 내내 꽃으로 둘러싸인 '차 없는 거리'를 만들기 위해 금요일 저녁부터 48시간만에 전격적으로 도로의 포장을 모두 걷어내버렸다는 에피소드가 배어 있는 곳이다. 졸지에 사람들의 접근성이 떨어지게 된 현실 앞에서 지역 상인들은 격렬하게 항의했다. 그때 바닥에 옹기종기 모여 앉아 아기자기한 그림을 그리는 아이들을 내세워 제압했다던가. 정말 동화 같은 이야기다. '꽃의 거리' 완성을 기점으로 폐전차를 활용한 무료 탁아소, 가난한 아이들이 언제라도 들러 책을 읽거나 무료 교육을 받을 수 있는 '지혜의 등대' 등 현명한 아이디어를 반영한 건축물들이 도시를 가득 채우게 됐다고 한다.

"보다 나은 도시에 대한 꿈은 언제나 그 주민들의 머리 속에 있습니다. 우리가 만든, 지금 살고 있는 쿠리치바는 결코 낙원이 아닙니다. 우리도 다른 도시들이 지니고 있는 문제들을 대부분 갖고 있습니다. 그래도 우리는 꿈을 포기하지 않습니다. 내일의 시민인 아이들이 살아갈 '환경'을 다루는 일보다 더 깊은 연대감을 느낄 수 있는 것은 없기 때문이지요."

　1962년 부임한 자이메 레르네르 시장이 최초로 쿠리치바의 미래상을 제시한 이래, 이 원칙을 일관되게 고수한 시민들의 노력 덕분에 지금과 같은 미래도시가 가능할 수 있었다. 쿠리치바도 1950년대 들어 도시가 급속히 팽창하기 시작할 때는 여느 현대 도시들처럼 환경, 공해, 교통 문제 등을 똑같이 체험했다. 하지만 문제점을 해결한다면서 상황을 악화시키기만 하는 대다수 도시들의 정책과는 달리 '생태'라는 관점을 고수하면서 차근차근 대책을 세웠고, 적극적인 실천으로 세계 최고의 미래 녹색도시라는 타이틀을 쟁취할 수 있었다. 지속가능한 발전을 위해서는 생태를 잃지 말아야 한다, 경제 성장보다는 시민의 편의와 자율성을 우선해야 한다, 이런 이상적인 논리가 이곳에서는 현실인 것이다.

　세계 최고의 공원에서 뛰고 걷고 사랑하며 산다

　쿠리치바의 매력은 도시 외곽으로 향할 때 더욱 뚜렷해진다. 어느

저 풍성한 자연 아래에서 뜨거운 키스를!

폴 매카트니를 한눈에 매로시킨, 세상에서 가장 우아하고 아름다운 오페라하우스

동네에 살건 10분만 걸으면 공원과 인공호수를 만난다. 저 멀리 '오페라 데 아라메' 극장이 보인다. 건축물의 뼈대로 쓰이는 값싼 철골과 유리만으로 지어진 세계 유일의 환경친화적 오페라하우스가 울창한 수풀과 어우진 채 물 위에 떠 있다. 과연 호세 카레라스와 폴 매카트니가 "내 평생 이보다 더 아름다운 오페라하우스는 본 적이 없다"고 감탄할 만큼, '우아하기 이를 데 없는 꿈의 건축물'이라는 누군가의 정의가 저절로 연상될 만큼 아름답다.

오페라하우스 근처의 독일 이민기념관을 버스로 지나쳤다. 칸트, 헤겔, 한나 아렌트 등 독일을 대표하는 철학자의 이름과 명언 들이 아로새겨진 '철학자의 탑'이 우뚝 서 있다. 독일, 폴란드, 일본, 우크라이나 등 외국에서 이주한 이민자들의 힘으로 건설된 도시 쿠리치바는 각 민족 공동체를 대표하는 건축물들로 다채롭기도 하다. 그 중에서 '교황의 숲'은 1980년 교황 요한 바오로 2세가 방문해서 기도를 올린 이후 유명세를 얻었다. 1871년 쿠리치바에 최초로 이주한 폴란드인들이 살았던 전통 집들이 늘어선 뒤로, 끝도 없이 울창한 녹림이 펼쳐져 있다.

브라질 최고 넓이를 자랑하는 탕구아 공원을 지나 쿠리치바에서 가장 아름다운 공원으로 소문난 '자르딩 보타니쿠'에 다다른다. 저 멀리 높게 솟은 빌딩들이 없다면 이곳이 브라질을 대표하는 주요 대도시 중 하나라는 사실을 전혀 깨달을 수 없을 정도로 풍경들이 싱그럽기 그지없다. 방사형으로 거미줄처럼 뻗어나간 화단을 따라 산

눈망울 속 조명의 끝없는 발광, 오스카 니마이어에게 가는 길

책로가 길게 누워 있고, 공원을 굽어보는 나무 모양을 본 뜬 투명 온실이 햇살에 빛난다. 쿠리치바 시민들에 대한 시샘이 솟아난다. 그들은 매일같이 세계 최고의 공원에서 산책을, 뜀박질을, 때로는 뜨거운 키스를 마음껏 누리며 산다.

머나먼 지평선을 바라보는 눈망울을 닮은 건물

쿠리치바에서 오스카 니마이어와 다시 조우했다. 그가 직접 설계한 오스카 니마이어 박물관이 그 위용을 자랑하고 있다. 머나먼 지평선을 바라보는 듯한 눈망울을 닮은 독특한 건물이다. 수 킬로미터 떨어진 머나먼 곳에서도 니마이어만의 독특한 미래주의적 지향을 단번에 알아볼 수 있는 위대한 건축물에 가까이 다가섰다. 바닥에서 시작하는가 싶더니 어느덧 건물 꼭대기를 향하고 있는 곡선의 물결이 시선을 사로잡는다. 건물 중간에 느닷없이 튀어나와 있는 계단을 오르자 영화 〈스타트렉〉에나 등장하는 우주선의 내부인 듯 묘한 분위기다.

첫발을 내딛자마자, 유선형으로 이어지는 벽을 따라 점점이 이어지는 조명의 끝없는 발광 앞에 한순간 넋을 잃고 말았다. 미로를 헤쳐가듯 좁은 복도를 따라가자 니마이어의 모든 건축물들의 사진과 미니어처를 한자리에 모은 전시실이 등장한다. 리우데자네이루의 해안 절벽 위에 마치 미래의 화성 기지처럼 절묘하게 내려앉은 현대

어디를 가든 나무와 물, 그리고 아이들의 웃음이 가득하다. 미래에서의 하루가 저물어간다

미술관, 건축물의 교과서로 불리는 뉴욕의 UN건물, 브라질리아에서 익히 확인한 바 있는 외교부 건물, 메트로폴리타나, 국회의사당 등의 설계도가 곳곳에 펼쳐져 있다.

박물관을 벗어나자 소리 없이 깔리기 시작한 어스름에 어느덧 사위가 어두컴컴해졌다. 꾸리치바 시내를 굽어보는 니마이어의 눈망울이 노을의 그림자로 붉게 물들어가고 있다. 위대한 거장이 하필이면 이 도시에 자신의 분신을 세운 이유를 이제야 알 것 같다. 꿈을 향해 끊임없이 전진하는 미래형 건축물들을 창조하고 싶었다는 오스카 니마이어와, 선진국 그 어떤 도시보다도 20년 이상은 앞서 있다는 꿈의 도시. 서로 다른 듯하면서도 묘하게 어울리는 이 조합을 그 어떤 단어로 표현할 수 있을까. 캄캄해진 도시 곳곳을 여전히 환하게 비추고 있는 지혜의 등대를 바라보며 숙소로 돌아가는 길. 브라질의 미래, 쿠리치바의 하루가 서서히 저물어간다.

"쿠리치바, 그리고 추억." 인생은 그렇게 흘러간다

★ Cusco, Peru

세계의 배꼽, 쿠스코

홀로 날던 새 잉카,
표적이 되어 떨어지다

    흔히 알려져 있는 것처럼 티티카카호수Lago Titicaca가 세계에서 가장 높은 곳에 위치한 호수는 아니다. 하지만 면적 100킬로미터가 넘는 거대 호수(서울시 면적보다도 14배나 크다) 중에서는 가장 고도가 높기 때문에 보통 티티카카를 '하늘과 가장 가까운 호수'라고 부른다. 하늘과 가장 가까운 호수라는 감미로운 문장이 은근히 가슴을 설레게 한다. 이를테면 이런 것이다. 영화 〈후아유〉에서 이나영이 애잔한 눈빛으로 허공을 바라보며 "죽기 전에 꼭 한 번 티티카카호수에 풍덩 뛰어들어 수영을 하고 싶어. 가능하다면 사랑하는 사람과 함께"라고 발화하는 것을 듣는 순간 마음속에는 오직 한 가지 감성만이

저들이 미소 짓는 이유는 변했지만, 하늘은 예나 지금이나 변함없이 푸르러라

살아남는다. '나도 그 호수 한가운데에 뛰어들어 로맨틱한 분위기에 한껏 젖어 들고 싶다!'

그 로망 가득한 호수 한가운데에 '우로스'라고 불리는 갈대 섬이 있다. 몇 해 전인가 '수천 년을 토토라^{남미의 갈대}로 만든 섬 위에서 살아온 원주민'을 다룬 다큐멘터리를 흥미롭게 지켜본 적이 있었다. 잉카문명을 향해 가는 첫 관문으로 나는 우로스섬을 택했다.

회색(카카) 푸마(티티)의 품속에서 살아가는 잉카의 후예들

관광용 크루즈 2층 꼭대기에 올라 앉아 선선하게 불어오는 바람을 맞으며, 한껏 우거진 갈대숲을 헤치며 항해하는 기분은 유쾌했다. 중간 중간 갈대로 만든 배 위에서 낚시질을 하다가 관광객을 향해 손을 흔드는 원주민의 천진한 미소도 보기 좋았다. 섬 위를 걷는데 푹신푹신한 짚더미 위를 걷는 듯한 느낌도 묘했다.

그게 다는 아니었다. 가이드가 안내한 섬의 한복판에는 커다랗게 프린트된 관광안내도가 떡하니 버티고 서 있었다. 가이드는 안내도를 척척 넘겨가며 이곳의 역사, 전설, 주민들의 숫자, 생활환경 등을 일목요연하게 '브리핑'했다. 주변에 늘어선 원주민들의 웃음에는 생기가 빠져 있다. 관광객이 좌판에 죽 늘어놓은 기념품들에 시선을 돌릴 즈음에야 멍한 표정에 간신히 웃음이 돌아왔다.

잉카 제국을 마지막으로 원주민들의 고유 생활양식은 사실상 파괴됐다. 어쩔 수 없는 일일 것이다. '지금도 우로스의 주민들은 옛 모습 그대로 생활한다'고 말하지만 집마다 세워진 소형 태양광 발전기를 숨길 수는 없었다. 발전기에서 공급되는 전기로 텔레비전을 보고, 형광등을 켜고, 뭍에서 사온 솥을 가스레인지 위에 올려 밥을 지었다. '원주민 생활'을 보겠다며 시즌을 가리지 않고 밀려드는 관광객에게 기념품을 팔아야 생필품을 살 수 있었다. 낯선 이방인이 할 수 있는 일이라고는 고작 조그마한 기념품 몇 개를 집어드는 것, 천진난만하게 주변을 뛰어다니고 있는 원주민 꼬마의 머리를 슬쩍 쓰다듬어주는 것뿐. 착잡한 마음으로 서둘러 쿠스코로 향했다.

지진에도 무너지지 않던 제국, 스스로의 허상에 무너져내리다

페루의 쿠스코는 스스로를 거침없이 '세계의 배꼽'이라 칭할 만큼 자부심이 넘쳤던 도시다. 그도 그럴 것이 당시 라틴아메리카 최강 제국의 수도이자 문명의 중심지였기 때문이다. 하지만 내가 마주한 도시는 제국의 영광과 함께 오욕까지도 고스란히 간직하고 있었다.

쿠스코에는 한밤중에야 도착했다. 오랜 여행에 지친 탓에 한껏 기지개를 켜며 옛도시의 고즈넉한 공기를 들이마시려는 순간, 까맣게 몰려든 현지인들의 행렬에 당황할 수밖에 없었다. 그들은 모두 영어로 쓰인 전단지를 내밀었다. 쿠스코 시내에 있는 호텔로 안내하면서 커미션을 받는 모양이었다. 이미 한밤중이라 별다른 대안도 없었던

터라 마음씨 좋아 보이는 아주머니 하나를 따라 나섰다.

그런데 50대로 보이는 아저씨 하나가 우리를 집요하게 따라붙더니, 결국 아주머니에게 소리를 지르며 우리의 팔을 잡아끌기 시작했다. 영문을 몰라 어안이 벙벙해 있는데, 그는 호텔 입구까지 따라 들어와 더욱 목청을 높였다.

"나는 사실 저 여자의 새 남편이다. 저 여자가 물정을 잘 몰라서 가격을 비싸게 부른 것이니 나를 따라오라. 훨씬 싼 가격에 호텔을 알아봐 주겠다."

씁쓸했다. 쿠스코의 쇠락이 손에 만져지는 기분이었다.

잘 알려져 있다시피 남미 최대의 제국, 잉카의 몰락은 순식간이었다. 피사로를 대장으로 한 불과 180여 명의 스페인 군대에게 수십만의 군대를 거느린 최강의 정복국가는 어이없을 정도로 간단히 무너졌던 것이다. '흰색 피부에 턱수염을 한 창조신이 언젠가 다시 돌아온다'는 잉카 고유의 전설 때문이었다. 애꿎게도 예언자의 모습으로 나타난 정복자에게 잉카인들은 저항은커녕 아낌없는 환대를 베풀었다. 그리고 파멸했다.

몰락의 이유는 더 있다. 소수의 스페인 군대에게 철저히 괴멸당할 때 잉카는 주변부족들로부터 철저히 외면당했다. 허구한 날 정복 전쟁만 벌이는 그들에 대한 원망이 쌓인 탓이었다. 잉카는 철저하게 조상을 숭배하는 국가였다. 후손들은 역대 왕들을 미이라로 만들어 보존하면서 그의 옛 영토와 재산을 그대로 봉헌해 당시 신하들에게

저 굳건한 잉카의 주춧돌 위에 누더기처럼 덧댄 현실. 아이들은 모델이 되어주고 돈을 받아갔다

무덤을 관리하게 했다. 그리고 새로운 왕은 기존의 영토와 재산을 하나도 물려받지 못한 채 새로운 지역을 스스로의 힘으로 개척했다. 이런 독특한 상속제도에 힘입어 왕국 초기에는 국가 세력이 놀라울 정도로 빠르게 확장되었지만, 나중에는 거대한 분열로 귀결된 것이다. 전쟁이 끊일 날이 없었고, 그만큼 적들도 끊임없이 늘어갔다.

결국 탄생한 지 겨우 100년 남짓이던 젊은 국가, 국토의 길이가 최대 4,300킬로미터에 달하던 대제국 잉카는 역사의 뒤안길로 사라졌다. 새로운 정복자 스페인에 의해서 찬란했던 문명도 철저히 파괴의 수순을 밟았다. 별다른 산업 기반이 없는 잉카의 후손들페루은 이제 선조들의 옛 영화를 팔아 먹고산다.

안데스에 가득하던 풍요의 기운은 어디로 가버렸을까

질 나쁜 가이드들을 몰아내고 힘겹게 여장을 풀었던 이튿날, 일찍부터 서둘러서 언덕에 올랐다. 언덕 위에서 내려다본 쿠스코는 독특한 빛깔을 자랑하고 있었다. 야트막한 건물들이 즐비하게 늘어서 있는 가운데 황토빛 물결이 도시 전체에 넘실거린다. 스페인 남부지역 양식으로 건립된 건물들은 황토색 토담과 기와로 일관되게 꾸며져 있다. 마음을 차분히 가라앉히는 도시의 전경 앞에 기분이 서서히 풀리기 시작했다. 쿠스코는 1년 내내 지진이 끊이지 않기 때문에, 스페인 식민 시절에 3층 이상의 건물은 짓지 못하는 법령이 제정된 후

지금에 이르고 있다. 그 덕분에 야트막한 건물의 스카이라인이 주변의 산맥과 절묘하게 어우러지는 특유의 풍광이 가능해진 것이다.

쿠스코의 높이는 해발 3,300미터에 달한다. 볼리비아의 수도, 라파스에 버금가는 높이다. 조금만 걸어도 머리가 띵해지면서 숨이 가빠오는 것은 당연했다. 문득 이렇게 험준하고 척박한 산악지대 한가운데가 수도가 된 이유가 궁금해졌다. 적들로부터 도시를 방어하기에는 유리하겠지만 무엇으로 백성과 군사를 먹일 수 있었을까. 오죽 날이 가물면 비를 '잉카의 눈물'이라고까지 불렀을까.

알고 보니 쿠스코 근처에는 '성스러운 계곡'이라고 불리는 대규모 곡창지대가 펼쳐져 있다고 했다. 페루로부터 스페인을 통해 전파되어 이제는 전 세계인의 주식으로 자리잡은 감자와 옥수수의 고향이 말이다. 라틴아메리카를 상징할 정도로 중요한 작물인 감자는 세계사를 움직인 동력이라고도 볼 수 있다. 스페인이 감자를 유럽에 전한 이후, 자본주의 후발국가인 독일과 러시아는 감자 때문에 대규모 군대를 양성할 수 있었다. 어느 곳에 뿌려놓아도 잘 자라는 감자는 군량미의 역할을 하기에 훌륭했던 것이다. 어찌 보면 세계대전도 이 감자 때문에 발생한 것이라 볼 수도 있다. 감자는 미국으로 넘어가 인종구성까지 바꿔놓았다. 19세기에 아일랜드에 대규모 감저병이 발생해 100만 명이 기아로 사망하는 대참사가 발생한 것이다. 당시 주린 배를 움켜쥔 채 새로운 희망을 찾아 미국행 배를 탄 아일랜드인들은 무려 150만 명에 달한다. 케네디와 부시 가의 선조들도 이때 미국으로 이주한 아일랜드계다.

　현재는 가난을 천형처럼 짊어진 땅으로, 그 어느 곳에도 생명의 흔적이라고는 찾아보기 힘든 헐벗은 안데스이지만, 당시에는 유럽인들보다 더 풍족함을 가지고 있었다. 안데스의 동물 삼형제인 라마^{일명 아메리카 낙타}, 알파카^{라마보다 약간 작다}, 비쿠냐^{일명 아메리카 사슴} 등은 풍부한 단백질 공급원이 되어 주었다. 그러니 안데스에서 현재의 남루함만을 보아서는 안 된다. 잉카, 마야, 아스텍 등 인류역사상 가장 찬란했던 고대 문명들이 줄줄이 들어설 수 있었던 배경을 보아야 한다.

불멸의 12각 건축술

　천천히 시내 중심가인 아르마스광장 쪽으로 발걸음을 옮겼다. 걷는 도중 족히 수백 명은 될 듯한 관광객들이 좁은 골목길을 둘러싸고 웅성거리고 있는 모습이 시선에 잡혔다. '도대체 뭘까?' 궁금해하며 사람들의 틈 속으로 끼어드는 순간 모두가 하나같이 집게손가락을 허공에 대고 도형을 그리고 있다는 것을 알 수 있었다. 아, 이것이 바로 '12각 돌'이구나!

　각각 몇 톤은 족히 나갈듯한 거대한 벽돌들이 마치 칼로 자른 듯 정교하게 맞물려 있는 모습에 찬탄이 흘러 나왔다. 그 중 가장 정교하게 맞물린 벽돌이 바로 이 열두 돌이다. 무려 열두 모퉁이가 잘려져 있지만 면도날 하나도 들어가지 않을 만큼 꽉 맞물려 있다.

쭉정이는 날아가고 알곡만 남는다. 잉카의 주춧돌은 영원히 건재하리라

정복자들은 기존 건물들을 무너뜨리면서 그 기반이 되는 벽의 하단부에 새로운 건물을 그대로 쌓아 올렸다. 지난 수백 년 동안 대지진이 쿠스코를 여러 번 덮쳤다고 한다. 그때마다 어김없이 새롭게 지은 스페인식 건물들은 모조리 무너져 내렸지만, 잉카문명이 쌓아 올린 벽의 하단부만큼은 조금도 꿈쩍하지 않았다고 한다. 그 모진 세월을 꿋꿋이 이겨낸 고대 문명의 힘이라니…….

갈색 피부의 모레노예수, 침묵으로 세월을 웅변하다

　아르마스광장에 도착하자마자 주교좌성당으로 발걸음을 옮겼다. 바로크 양식의 화려함이 단번에 눈길을 사로잡는다. 화려한 금장식으로 뒤덮인 내부 역시 눈이 부시다.

　스페인에게 정복당한 이후 잉카의 유적들은 철저히 사라졌다. 금붙이들은 모두 녹여져 스페인 본국으로 보내졌다. 화려했던 고대 잉카의 유물들은 스페인 왕가의 방탕한 생활을 떠받치기 위해, 신성로마제국의 황제를 꿈꿨던 카를로스 5세가 뇌물로 사용하기 위해 철저히 파괴되어 갔다. 스페인 정복자들은 그러고도 남은 금붙이로 그들의 신을 모시는 성당을 장식하기 시작했다. 주교좌성당이 화려한 금빛으로 물들게 된 배경에는 이런 서글픈 역사가 자리 잡고 있다.

　묘한 그림 하나가 눈에 들어왔다. 십자가에 매달린 예수를 그린 그림 속에서 하얀색 피부가 아닌, 원주민과 같은 적갈색 피부의 남자

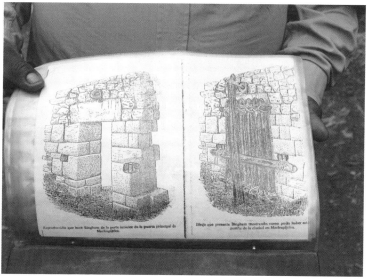

잉카의 힘을 상징하는 12각 돌. 물론 한없이 퇴색한 옛사랑의 그림자이겠지만……

수천 년을 견뎌내는 생명력으로도 현재를 이겨내기란 힘든 것일까…… 실없이 생각이 많아진다

가 서글픈 표정을 띤 채 정면을 주시하고 있다. 정복자들에게 고용된 쿠스코의 장인들은 한없이 슬픈 표정을 한 '모레노예수'를 벽에 그려 넣으면서 어떤 감정에 사로잡혀 있었을까. 정복자의 신을 자신의 토속신앙과 뒤섞은 끝에 결국 수호성인으로 변모시킨 라틴아메리카인들의 애달픈 지난 역사가 새삼 이방인의 심금을 울린다.

성당 밖으로 걸어 나오니 어느덧 해가 뉘엿뉘엿 넘어간다. 황토빛 도시, 쿠스코가 붉은 노을을 받아 더욱 찬란하게 빛나고 있다. 광장 한구석에는 앞니가 모두 빠진 한 아이가 좌판을 늘어놓은 채 천진한 미소로 관광객들을 유혹하고, 몇몇 연인들은 성당 앞 계단에 걸터앉은 채 끊임없이 사랑의 밀어를 속삭이고 있다. 어둑해져가는 잉카의 하늘 아래 쿠스코의 하루가 서서히 저물어간다.

정통 유럽풍 성당 안 갈색 피부의 모레노예수처럼, 결국 역사가 귀결될 곳은 화해일 것이다

★ Machu Picchu, Peru

사라진 공중도시, 마추픽추

다시 태어나기 위해
오르자, 형제여

　그 옛날, 사람들이 하루 아침에 새벽 안개처럼 사라져버린 도시가 있었다. 400년 가까이 인간의 발길 없이 허공에 숨어 있던 '공중' 도시. 오직 신만이 알 미스터리를 감춘 고대도시. 정복자들의 탐욕을 채우기 위해 수많은 유적들이 철저히 파괴당한 라틴아메리카에서 거의 유일하게 온전한 모습으로 살아 있는 잉카의 유적지. 그래서 사람들은 말했다. "이곳을 마주하기 전까지는 잉카문명의 정수를 맛보았다고 말하지 말라"고.

　나는 이제 마추픽추로 간다.

세계에서 가장 북적이는 폐허

쿠스코에서 마추픽추까지는 기차로 4시간이 걸린다. 세계 각지에서 워낙 많은 관광객이 찾아오기 때문에 쿠스코와 마추픽추를 연결하는 전용 관광열차가 개설되어 있다. 기차 말고 육로도 있다. 그 옛날 페루 곳곳에 뻗어 있던 잉카 제국의 수송로 '잉카 루트'를 따라 일주일을 꼬박 걸어서 마추픽추까지 가는, 일명 '잉카 트레일'이다. 워낙 길이 좁은 데다가 유적 훼손의 위험이 큰 탓에 이 루트를 이용할 수 있는 관광객의 숫자는 철저히 제한된다.(적어도 6개월 전에 미리 신청하지 않으면 참가 자체가 불가능하다. 빡빡한 일정 탓에 잉카 트레일을 체험해보지 못한 것은 지금도 큰 아쉬움으로 남는다.)

기차 안은 시끌벅적했다. 미국, 유럽, 아시아, 아프리카 등등 세계 곳곳에서 오직 마추픽추를 보기 위해 몰려온 관광객들의 얼굴에는 너나 할 것 없이 설렘이 가득했다. 왜 아니겠는가. 이 머나먼 세상의 끝, 라틴아메리카를 또다시 방문하기란 그 누구에게도 쉽지 않은 일일 것이다. 일평생 다시는 볼 기회가 없을지도 모를 세계 최고의 풍광과 세계 최고 문명의 자취를 하나도 빠짐없이 두 눈에 담아가려는 그들의 열기로 기차 안은 후끈 달아오르고 있었다.

마추픽추는 유네스코 세계문화유산으로 지정되어 있는 것은 물론, 2007년 전 세계 네티즌들이 새롭게 선정한 '세계 7대 불가사의 건축물'에도 뽑혔고, 해마다 유수의 언론사들이 선정하는 '죽기 전에 꼭 가봐야 할 여행지'에도 빠지지 않는다. 페루가 해마다 벌어들이는 관광수입의 70퍼센트는 마추픽추에서 나온다는 정부 관계자의 말은 결코 허언이 아니다.

이 때문에 파생되는 문제점도 만만치 않다. 세계인이 앞다퉈 보존해야 할 인류문화유산이건만 당장 눈앞에 보이는 수익이 막대한 탓에 관광 사업을 규제하는 일이 쉽지 않다. 유네스코가 페루 정부에 '마추픽추의 보존을 위해 관광객을 하루 500명 이하로 제한하라' 고 권고했지만 제대로 지켜질 리가 없다. 1992년까지만 해도 연간 9천 명에 불과했던 관광객이 2007년에는 하루 4천 명 수준까지 폭발적으로 늘어나면서, 건축물은 물론 생태계가 심각하게 파괴되고 있다. 2006년 마추픽추와 인근의 마을을 연결하는 80미터짜리 다리가 건설되면서 훼손의 위험성이 더욱 커지고 말았다. 페루 정부로서야 관광 수입의 상당부분을 차지하는 마추픽추 개발을 차마 포기할 수 없겠지만 인류 최고의 문화유산이 파괴되고 있는 모습을 지켜보는 건 무척 씁쓰레한 일이다.

모든 사라져버린 것들에 대한 안타까운 연민으로

황금과 고대 유물을 찾기 위해 안데스 산맥을 이 잡듯이 뒤졌던 스페인 정복자들도 끝내 이곳만은 발견하지 못했다. 미국의 학자 하이럼 빙엄Hiram Bingham이 1911년 정말 기적처럼 우연히 발견해낸 이 도시는 스페인 군대에게 끝까지 맞서 싸웠던 잉카의 저항 세력 투팍

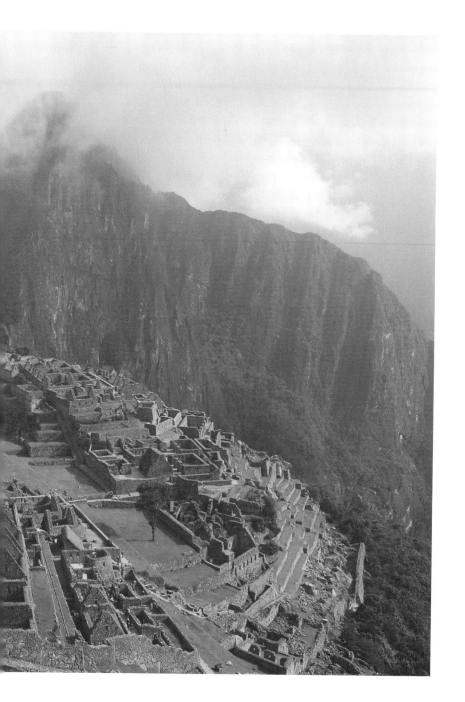

사진에서 이미 보았다고 말하지 말자. 마추픽추와 직접 대면하는 감격은 상상 그 이상이다

아마르가 최후 거점으로 삼았던 성채로 짐작된다. 그런데 아직도 한참 진행 중인 발굴 결과에 따르면 잉카 이전의 유물도 다수 발견되고 있다고 한다. 제국 이전에 이미 도시가 존재했다는 이야기다. 도시의 형태나 주거양식 등에 비춰볼 때 '이름을 알 수 없는 고대국가 사람들이 제례의식을 거행했던 성스러운 신전이 아니었을까' 하는 가설이 유력하다.

마추픽추 오래된 봉우리. 맞은편에 있는 와이나픽추는 '젊은 봉우리'라는 뜻는 2,280미터에 달하는 산 정상에 위치해 있다. 이 '나이 든 봉우리'의 총면적은 5평방킬로미터 정도다. 아래쪽에 계단식 밭이, 위쪽 시가지에 거주지와 신전이 위치해 있는 구조여서 자급자족이 충분히 가능했던 것으로 보인다. 산 아래쪽에서 보면 이 험준한 산맥 한가운데에 도시가 존재한다는 것을 짐작조차 할 수 없을 정도로 완벽하게 엄폐되어 있어서 20세기 초반까지 서구인에게 발견되지 않은 채 그 모습 그대로 보존될 수 있었다.

하지만 무엇보다도 우리를 사로잡는 미스터리는 이것이다. 도대체 누가, 어떤 이유로, 하루아침에 도시를 깨끗이 비우고 더 깊숙한 오지로 떠나 버렸을까…….

세계의 주인이던 자여, 그 죽은 입을 통해 희망을 들으러 왔다

마추픽추 바로 아래에 있는 우르밤바 지역은 관광도시로 개발되어

이곳에서 농사를 짓는 것은 생존이 아닌, 차라리 상상력

있다. 여기에서 하루를 묵은 뒤 새벽같이 일어나 버스를 타고 마추 픽추에 올랐다. 아······. 두 눈을 사정없이 찔러대는 날 선 풍광 앞에서 그저 할 말을 잃고 말았다. 언덕 위에서 내려다본 마추픽추는 새벽 안개에 둘러싸인 채 도저히 지상의 풍경이라고는 볼 수 없는 신비로운 자태를 조금씩 눈앞에 펼쳐 보이고 있었다. 태양이 서서히 중천에 오르면서 안개가 완전히 걷히자 원형 그대로 보존된 공중도시가 그 실체를 완전히 드러냈다. 그렇다. 미야자키 하야오의 〈천공의 성 라퓨타〉는 마그리트의 영향을 받은 것이 아니다. 하야오는 마추픽추에 와봤던 것이 분명하다. 이곳에서 영감을 받지 않고서야 도저히 지상에 존재할 것 같지 않은 천공의 성을 어떻게 그림으로 표현해 낼 수 있었을까.

차마 입을 떼지 못하고 있는 사람은 나뿐만이 아니었다. 주변의 관광객들 모두 숨소리마저 죽인 채 발 밑에 펼쳐져 있는 장관을 머릿속에 꼼꼼하게 담아두느라 미동도 못하고 있었다.

잉카 이전부터 존재했던 고대문명은 200톤이 넘는 거석을 이곳까지 날라 '태양의 신전'을 쌓았다. 신전뿐 아니라 주변에 늘어서 있는 모든 건축물들은 사다리꼴을 기본 형태로 지어졌다. 당시의 과학 기술 수준이 얼마나 높았는지를 입증하는 생생한 사례이다. 옛 사람들은 지진이 잦은 이 지역의 특성을 고려해 충격에 강한 사다리꼴을 착안해 건축에 적용했다. 이 도시가 지금껏 원형 그대로 유지되고 있는 데에는 그런 원리가 숨겨져 있다.

사라진 공중도시, 마추픽추

초가지붕만 얹으면 당장이라도 사람이 살 수 있는 집이 된다

아레키파에서 콜카계곡으로 가는 길. 하늘의 제왕을 영접할 시간이다

신전 아래 쪽으로 주민들이 거주하던 주택가가 늘어서 있다. 세월의 퇴적에 따라 초가지붕만이 썩어 없어졌을 뿐 방, 부엌, 벽 등 기본 구조는 그대로 보존되어 있다. 지금 당장 아이들이 시끌벅적하게 뛰어논다 해도 전혀 어색하지 않을 것만 같은 친숙한 골목길을 걸어본다. 저 멀리 계단식 논에는 옥수수를 경작하는 농부의 손놀림이 바빴을 테고, 빨래터에는 새하얀 예복을 물에 적시며 수다를 떠는 여인네들도 있었겠지. 적어도 수십 가구 이상은 함께 거주했던 흔적이 남아 있다고 하니 어쩌면 청춘남녀 사이에는 풋풋한 사랑이 싹텄을지도 모르는 일이다.

아득해진 정신으로 이 골목, 저 골목을 돌면서 스쳐지나가는 무수한 사람들과 마주쳤다. 그 수천 년 된 골목길에서 나는 당신을 만났던가, 만나지 못했던가. 마법사가 친 마법진 속에 들어온 듯 어린 시절 등굣길 버스에서 스쳐지나갔던 누군가와, 엊그제 쿠스코에서 마주쳤던 사람과, 앞으로 만나게 될 소중한 인연이 서로 뒤섞이는 이곳은 이계異界의 한복판이다.

양지바른 풀밭에 누워 사색에 잠겼는데 설풋 잠이 들었었나 보다. 코를 간질이는 선선한 바람에 정신을 차려보니 바로 눈앞에 갖가지 동물을 닮은 뭉게구름이 뭉게뭉게 흘러간다. 수천 년 전에도 이곳에 사는 누군가는 햇살 좋은 이 풀밭 위에 누워 저 하늘을 바라보았겠지. 아마 지금의 나처럼 흐뭇한 웃음을 입가에 똑같이 베어 물었겠지. 수천 년이라는 시간의 무게가 전혀 부담스럽지 않은 곳, 인류 최

"무슨 일로 왔어?" 안데스의 주인들이 내게 천진한 물음을 던진다

고의 문화유산이라는 칭호보다는 잔잔한 일상생활의 흔적이 더 돋보이는 곳, 여기는 마추픽추다.

신의 수호자, 내 눈을 쏘아보다

페루에서의 마지막 여행지를 아레키파로 잡았다. 세계에서 가장 깊은 협곡이라는 콜카^{Colca} 계곡을 품고 있는 곳이다. "미국의 그랜드 캐니언도 콜카계곡에 비하면 한없이 초라하다"는 현지인들의 자긍심에도 혹했지만 무엇보다 안데스산맥을 대표하는 새, 콘도르^{Condor}를 코앞에서 관찰할 수 있는 세계 유일의 장소라는 점에 끌렸다. 기차에 몸을 싣고 남쪽으로 10시간을 달렸다.

원주민들에게 콘도르는 신과 같은 존재였다. 1.5미터가 넘는 길이에 양 날개를 쫙 펴서 최대 3미터에 달하는 웅장한 자태의 콘도르가 유유히 나는 모습을 본 사람이라면, 이 새를 인간의 삶과 죽음을 관장하는 '신의 대리자'라는 칭호로 부르기를 마다하지 않을 것이다. 독수리나 매 등은 감히 견줄 수조차 없는 위엄이 있다. 날개를 미동도 하지 않은 채 거대한 행글라이더처럼 바람의 힘만으로 하늘을 가른다. 세계에서 가장 깊은 협곡이라서 강한 바람이 하루 종일 그치지 않는 콜카가 이 왕들의 서식지다.

위대한 콘도르, 신의 대리인이여.

사라진 공중도시, 마추픽추

나를 안데스 산맥 높은 곳으로, 집으로 돌려보내주오.

위대한 콘도르, 나는 고향으로 돌아가고 싶다오.

잉카의 형제들과 함께 있을 수 있는 그곳으로 돌아가고 싶다오.

위대한 콘도르, 쿠스코에서 나를 맞아주게.

아르마스광장에서 맞아주게. 마추픽추 정상에서 맞아주게.

— 안데스 전통음악 〈엘 콘도르 파사 El Condor Pasa, 새는 날아가고〉 중에서

콘도르를 관찰하기 가장 좋은 곳은 크루즈델콘도르라는 고원지대다. 그러나 버스를 이용해 산을 오르기에는 길이 너무 험했다. 무엇보다 콘도르가 나타나는 시각이 제멋대로라서 출발시간이 정해져 있는 버스를 이용했다가는 자칫 콘도르의 깃털 하나도 제대로 보지 못하고 허무하게 하산할 가능성이 높았다. 고심 끝에 지프 한 대와 현지인 가이드를 고용했다.

안데스산맥은 무척이나 독특한 곳이다. 평균 높이가 4천 미터에 달하는 데도 불구하고 히말라야 등 산봉우리가 험준한 다른 산맥들과는 달리 일단 정상까지만 올라가면 평탄한 평지가 눈앞에 자주 나타난다. 간간히 흩뿌리는 눈 자락을 맞으며 콜카계곡으로 가는 길은 유쾌했다. 라마의 기나긴 행렬이 길을 가로막는 통에 한동안 멈춰서기도 했지만 좀처럼 찾기 힘든 비쿠냐의 날렵한 맵시를 바로 코앞에서 감상하는 행운을 누릴 수 있었다.

새벽부터 4시간을 달린 끝에 크루즈델콘도르에 도착했다. 커다란

아, 콘도르! 잉카의 가슴벅찬 현현이여!

망원경과 카메라를 든 수많은 관광객들이 이미 며칠째 오직 콘도르 하나를 보기 위해 담요까지 두른 채 대기 중이었다. 깎아지른 듯 험준한 협곡의 바위틈에 사는 콘도르는 스스로 마음이 내킬 때에만 자신의 모습을 드러내는 것이다. 웬만한 행운의 사나이가 아니고서는 감히 그를 영접조차 할 수 없는 것이다.

6시간이 허무하게 흘러갔다. 까마득한 협곡 아래를 내려다 보던 부릅뜬 두 눈에 서서히 힘이 빠졌다. 슬슬 포기해야겠다는 생각이 들기 시작했다. 아무래도 콘도르와 나는 인연이 아닌가 보다. 동행한 선배와 함께 계곡을 배경으로 기념사진이나 찍으려고 주섬주섬 포즈를 취하는 순간 주변에서 날카로운 감탄사를 내질렀다. 무심코 뒤돌아 보다가 스윽 스쳐지나가는 콘도르와 정면으로 눈이 마주쳤다.

"오 마이 갓!"

인간 따위는 있거나 말거나 신경도 쓰지 않았다. 도도하게 바람을 가르며 협곡 위를 선회하는 유려한 자태를 그저 넋을 잃은 채 바라보았다. 옆에서 선배는 정신없이 카메라 셔터를 눌러대고 있었다.

똑같은 풍광 속을 10시간째 달리는 길. 해발 4천 미터 안데스는 공중의 대륙이다

★ Mexico City, Mexico

태양신의 후예들, 멕시코시티

소년 디에고,
소녀 프리다를 만나다

아르헨티나와 칠레가 '화이트아메리카', 브라질이 '블랙아메리카', 페루와 볼리비아가 '원주민아메리카'라면, 멕시코는 단연 '메스티소아메리카'라 부를 만하다. 정복자 백인과 원주민 사이에 태어난 혼혈들이 국민의 주류를 형성하고 있다는 뜻이다. 하지만 멕시코인들이 아스텍Aztec이나 마야 등 원주민 조상들을 대하는 자세는, 페루나 볼리비아인들이 잉카문명을 숭배하는 태도 그 이상이다. 멕시코Mexico라는 국명이 아스텍의 수호신인 멕시틀리Mexitli에서 유래했다는 사실 하나만 놓고 보더라도 그들의 자부심이 어디에 닿아 있는지 알 수 있다. 세계 최고의 박물관 중 하나로 꼽히는 국립인류학박물

메스티소아메리카의 한복판을 걷다

관에서 나는 위용에, 꼼꼼하게 모아 놓은 진귀한 유물들의 엄청난 숫자에, 그리고 무엇보다도 벽돌 하나하나마다 배어 있는 조상들에 대한 애정에 새삼 감탄했다.

텍스코코호 위에 건설된 태양신의 수도

스페인제국이 침략해오기 전, 멕시코시티는 광대한 호수 한가운데에 인공적으로 조성된 아스텍인들의 수도였다. 테우티우아칸_{신들의 도시}의 '태양과 달의 피라미드'를 지배하는 아스텍문명이었던 만큼, "이렇게 화려하고, 유려한 도시는 평생 처음 본다!"고 스페인 병사들을 매혹시켰던 멕시코시티는 잉카제국의 수도 쿠스코에 버금가는 거대도시였다.

그러나 1520년 에르난 코르테스 장군이 이끄는 스페인군대의 점령으로 철저하게 파괴되고 만다. 화려한 궁전은 무너졌고, 드넓은 호수마저 모두 흙으로 메워졌다. 그 참혹한 자취 위에 새롭게 세워진 것이 소칼로_{Zocalo, 광장}다. 중앙에 소칼로를 두고 그 주변을 바둑판 모양으로 대성당, 관청, 거주지역 순으로 배치하는 것은 전형적인 스페인식 도시의 특징이다. 그래서인지 아픈 역사일랑 과거로 묻고 인구 1,400만의 라틴아메리카 최대 도시_{세계에서는 두 번째}로 거듭난 멕시코시티 중심부를 걸으면서도 멕시코라는 나라의 자부심보다는 서글픔이 더 또렷이 느껴졌다.

'이곳은 우리 멕시코인들에게는 무척 특별한 장소입니다. 지금은 자취를 찾을 수 없지만 이 위에 아스텍 왕들이 대대로 살았던 왕궁이 있었습니다. 최후의 왕인 목테수마Moctezuma는 이곳에서 처형당했습니다. 그 피 묻은 대지 위에 정복자 코르테스가 스페인식 건물들을 세웠습니다. 나중에 스페인으로부터 독립을 선언한 곳도, 멕시코 최초의 혁명정부가 들어선 곳도 바로 이곳입니다.'

소칼로 한쪽에 위치한 국립궁전의 뜰, 멕시코의 서글픈 역사를 담담하게 써내려간 게시판 앞에서 한동안 서성였다.

두꺼비 같은 남자, 디에고 리베라의 벽화

지금은 대통령 집무실이 들어서 있는 국립궁전 안쪽으로 발길을 옮기자 화려한 색감이 돋보이는 벽화의 행렬이 끊임없이 이어졌다. 스페인이 침략하기 전 평화로운 일상을 누리는 원주민들의 모습, 지배자들에게 착취당하는 원주민들의 참상이 펼쳐졌다. 독립을 위해 기꺼이 전쟁에 나선 사람들, 대지주들의 수탈에 맞서 봉기를 일으키는 농민들의 모습도 보인다. 패널형식으로 그려진 벽화 안에 멕시코의 모든 역사가 오롯이 담겨 있다. 미국 록펠러재단이 그 실력을 인정해 미국으로 초빙했던 멕시코의 3대 벽화가 중 한 사람, 디에고 리베라의 자취는 그렇게 멕시코시티 전역에 흩뿌려져 있다.

1920년대 초 멕시코 정부는 당시 뜨겁게 불타오르던 독립의 기운,

"먼 훗날, 사람들은 나를
위대한 화가 프리다의 남편으로 기억할 것입니다"

국립궁전의 벽화. 멕시코의 아픈 역사가 파노라마처럼 펼쳐 보여진다

혁명의 정신을 대중에게 전달하기 위한 방법으로 벽화를 생각해냈다. 그래서 화가들에게 공공건물의 벽면을 통째로 내어주며 그림 그리기를 적극 지원하였다. 72년 동안 집권했던 정당의 이름이 '제도혁명당'일 정도로 20세기 내내 혁명의 열기에 휩싸여 있던 나라답다. 디에고 리베라는 이 시대에 첫손에 꼽히던 화가다. 그는 원주민의 찬란한 과거사를 중심으로 민족주의 감성이 담긴 그림들을 정력적으로 그려냈다. 유럽인들에 의해서 저열하고 모자란 측면만 부각돼왔던 원주민 문화에 대해 새롭게 바라보자는 것이었다. 우리는 강하다, 우리는 찬란하다, 일어서자, 남미여.

'디에고'라는 단어를 발음하자마자 반사적으로 떠오르는 이름이 있었다. 프리다 칼로. 발걸음이 프리다 칼로의 서러운 한이 담긴 '푸른집'으로 향했다.

그녀는 왜 짐승 같은 이 사내를 끝내 내치지 않았을까

복잡한 시가지를 벗어나 '코요테의 마을'이라는 뜻을 가진 코요아칸Coyoacan으로 발걸음을 옮겼다. 멕시코시티만의 독특한 시끌벅적함은 이곳에 발을 딛는 순간 신기루처럼 사라지고 만다. 뜨겁던 공기마저 차갑게 가라앉는 느낌이다. 이 한적한 동네 한복판에 디에고 리베라와 프리다 칼로가 평생 애증을 나눴던 저택, 푸른집이 있다. 소년 디에고가 소녀 프리다를 만나 최초로 사랑을 고백했던 곳, 그리고 그 엄중한 사랑의 서약이 철저하게 무너져내린 곳.

'프리다와 디에고가 이곳, 푸른집에서 1929년부터 함께 살았다.'

입구에서 프리다가 죽기 전 직접 벽 위에 새겨 넣었다는 글귀가 선명하게 빛나며 객을 맞았다.

프리다 칼로는 1907년 코요아칸에서 태어났다. 독일 출신의 아버지는 딸에게 프리다라는 이름을 붙여주었다. 독일어로 '평화', 일생 평화롭고 행복하기를 기원하는 이름. 그녀의 곡절 많은 삶을 비춰볼 때 이보다 더 잔인한 장난이 또 있을까 싶다. 프리다는 일곱 살 때 소아마비에 걸려 다리를 절게 된다. 꽃다운 나이 열여덟에는 끔찍한 교통사고를 당해 척추, 오른쪽 다리, 자궁 등에 치명적인 상처를 입는다. 서른 차례가 넘는 수술로도 완치되지 못하고 평생 코르셋 등 보조기구에 의지해 살아야 하는 그녀의 바뀐 삶. 그녀는 나락으로 떨어진다. 자기혐오, 육체적 고통 등은 이후 그녀의 작품 세계에 일관되게 등장하는 주제로 자리 잡았다.

그런 그녀 앞에 디에고가 나타났다. 그녀의 부모들이 "가진 것이라고는 내 딸의 곱절이 넘는 나이밖에 없는 두꺼비"라고 가차없이 깎아내렸던 디에고는 동시대 동료이자 친구였던 피카소, 네루다와 두 가지 점에서 똑닮았다. 이상에 투철했던 코뮤니스트, 그리고 여자들을 너무나도 좋아했다는 것. 디에고의 그림을 숭배한 프리다가 기꺼이 선택한 결혼은 그의 바람기에 의해 끊임없이 흔들릴 수밖에 없었다. 결국 세상에서 가장 사랑하는 두 사람, 남편과 여동생이 정사

프리다가 평생 피부처럼 입었던 코르셋이 흡사 그녀인 것처럼 침대에서 손님을 맞는다

를 나누는 현장까지 목격해야 했던 프리다의 심정이 어땠을지…….
셀마 헤이엑 주연의 영화 〈프리다〉에는 결혼과 이혼을 반복하던 그
들의 애증 섞인 결혼생활이 잘 묘사되어 있다.

조심스럽게 푸른집에 들어섰다. 증오하지만 사랑하고, 존경하지만
경멸할 수밖에 없는 샴쌍둥이와 같은 존재인 리베라에 의해 만신창
이가 되고 만 그녀의 연약한 심장 소리가 들려오는 듯하다. 침실에
서 그녀가 직접 착용했다는 코르셋이 이방인을 맞는다. 죽음보다 더
끔찍한 일곱 번의 척추수술을 겪고 그녀는 평생 목발과 휠체어, 그
리고 코르셋에 의존해 살았다. 프리다는 극심한 육체의 고통에 시달
리며, 그보다 더 아프게 마음을 후벼 파는 남편의 바람기를 견디며
그렇게 그림에만 몰두했다. 그녀가 죽은 뒤 남편보다 더 큰 명성을
얻게 한 '나의 탄생', '두 명의 프리다', '디에고와 나' 등 불후의 명
작들은 침대에 몸을 고정시킨 채 오른팔만 간신히 움직여 붓을 놀렸
던 초인적인 노력으로 탄생했다.

왜 그녀는 짐승과도 같은 이 남자를 끝내 내치지 않았을까. 왜 한
사람과 결혼과 이혼을 반복하면서 지긋지긋한 인연을 이어갔을까.
영화 〈프리다〉의 한 장면이 머릿속에 떠올랐다. 벽화 작업을 하고 있
는 리베라의 널찍한 등을 조용히 응시하는 수줍은 소녀의 눈망울과,
분노에 사로잡혀 붓을 놀리던 중년 부인의 거친 숨소리와, 공허한
듯 허공을 바라보다 조용히 눈을 감던 서글픈 웃음까지. 사망하기 1
년 전, 살아 생전 처음이자 마지막인 그녀의 전시회에서 "먼 훗날 사

람들은 나를 위대한 화가 프리다의 남편으로 기억할 것입니다"라고 눈물짓던 디에고의 잔상도 함께 딸려 나왔다.

자화상은 여전히 짙은 눈물을 흘리고 있지만 이마 한가운데에는 리베라의 얼굴이 깊숙이 박혀 있다. 그녀가 끝끝내 리베라를 내치지 않았던 은밀한 그 속내를 함부로 평가할 수는 없겠지만, 지금 내 눈 앞에 리베라가 있다면 대신 뺨이라도 후려쳐 주고 싶은 복잡한 심정까지 숨기기는 힘들다. 끝내 정신병원으로 끌려갈 수밖에 없었던 까미유 끌로델의 뒤에 영악한 로댕이 있었다면, 가스 오븐에 머리를 집어넣고 자살한 실비아 플라스의 곁에는 냉담한 남편 테드 휴즈가 있었다. 18세의 꽃다운 나이에 척추를 비롯한 수십 군데의 뼈가 으스러지는 교통사고를 당한 프리다가 디에고를 만난 것은 행운이었을까, 불행이었을까.

여전히 코요아칸에는 따사로운 햇살, 상쾌한 공기가 넘쳐나고 있었지만 프리다의 자괴적인 그림 앞을 지나칠 때마다 마음은 끊임없이 가라앉았다. 감히 견줘볼 엄두도 나지 않는 프리다의 삶의 무게가 이방인의 정신을 무겁게 압박해왔다. 힘겹게 눈을 돌리자 프리다가 죽은 후, 디에고가 그녀를 추모하기 위해 그렸다는 '라께브라다 풍경' 위에 덧붙여진 친필 편지가 눈에 들어왔다.

'사랑스러운 소녀, 프리다 칼로에게.

경이로운 기적과도 같은 그녀. 오늘은 그녀가 깊은 잠에 빠진 지 2년이 지난 날. 영원히 내 가슴속에 살아 남거라!*Viva en mi corzon!*'

태양신의 후예들, 멕시코시티

당신의 고통, 당신의 사랑, 당신의 단호함, 당신의 망설임

〈아마로 신부님의 범죄〉, 카를로스 카레라 감독을 만나다

〈프리다〉의 잔상이 〈아마로 신부님의 범죄 El Crimen del Padre Amaro〉로 옮겨갔다. 한국에서 스크린쿼터제 문제가 불거질 때마다 예로 드는 것이 멕시코 영화계다. 미국과의 자유무역협정 체결 후 멕시코의 영화산업은 사실상 몰락했다고. 영화산업의 토대가 허물어진 것은 물론이고 헐리우드식 제작 방식과 영화 선택 취향이 강요되면서 유쾌하지 않은 영화, 사회비판적 메시지를 담은 소수 영화들은 설 자리를 잃었다고들 말한다. 우리로서도 새겨듣지 않을 수 없는 대목이다.

그런 멕시코에서 '독립영화를 고수하는 거장' 으로 불리며 활동하고 있는 감독이 있다. 무명 시절 혼자서 각본, 그림, 촬영까지 해낸 애니메이션 〈히어로Hero〉로 단번에 칸의 황금종려상을 거머쥐었고, 2002년에는 멕시코 전역을 들끓게 만든 문제작 〈아마로 신부님의 범죄〉를 연출한 감독, 카를로스 카레라Carlos Carrera이다. 국민의 90퍼센트가 가톨릭 신자라고 자부하는 나라에서 '신부와 여인의 연애' 영화를 개봉했으니 말 다했다.

그의 자택을 찾아갔다. '멕시코가 낳은 천재 영화감독' , '현실에 저항하는 전투적인 시네아티스트' 라는 수식어와 별로 연결되지 않는, 자연스러운 곱슬머리와 해리포터 안경 너머로 부드럽게 웃고 있는 남자가 있었다. 검은색 치노 바지와 블랙 스니커즈, 짙은 색 스웨터를 받쳐 입은 그는 실제보다 훨씬 어려 보였다. 고집스러우면서도 유연한 사고방식과 담담하면서도 열정적인 눈빛은 그가 편협하지

않은 리얼리스트라는 사실을 새삼 깨닫게 했다.

　인터뷰 내내 말보로 레드를 끊임없이 꺼내 물며 속삭이듯 대화를 이어간 그는, 어떤 이념에 치우친 행동주의자라기보다는 끊임없이 고뇌를 거듭하는 리얼리스트에 가까워 보였다. 세계화에도 선한 측면이 있다는 설명까지 덧붙였을 정도. 다만, 멕시코 영화계의 몰락을 직접 겪었기 때문인지 스크린쿼터 축소로 나아가고 있는 한국 영화계의 현실에 대해서는 끊임없이 우려를 표명했다. 악조건 속에서도 독립자본을 통해 쉼 없이 영화를 만들고 있는 카레라는 경제라는 관점만으로는 설명되지 않는 '문화로서의 영화'를 지켜나가야 한다고 강조했다.

　● 사람들은 당신을 '멕시코의 천재 영화감독'이라고 부릅니다.
　"과찬입니다. 멕시코에는 〈이투마마〉와 〈해리포터〉 시리즈의 감독 알폰소 쿠아론, 〈아모레스 페레스〉의 알레한드로 곤잘레스 이냐리투 등 뛰어난 감독들이 즐비하죠. 그들에 비하면 난, 그저 영화를 좋아하는 감독일 뿐입니다."

　● 〈Hero〉 한 편으로 단숨에 칸영화제 황금종려상을 수상하다니 대단합니다.
　"대단한 의도가 있었다기보다는 그저 여건이 그랬을 뿐입니다. 멕시코에서 영화를 만드는 일이란 그리 쉽지 않습니다. 게다가 우울하고 사회비판적인 영화는 자본을 끌어 모으는 게 거의 불가능합니다.

다행히 내게 그림을 그리는 재능이 있었기 때문에 애니메이션을 생각했습니다. 애니메이션은 예산과 날씨 등 주변 환경에서 자유로울 뿐 아니라, 머릿속 생각을 있는 그대로 옮길 수 있다는 장점이 있습니다. 그래서 지금도 장편영화와 단편애니메이션 작업을 병행합니다."

●당신은 독립영화제작 방식으로 흥행파워까지 갖췄습니다. 〈아마로 신부님의 범죄〉가 미국에서 〈와호장룡〉의 외국어영화 흥행기록까지 깬 것을 알고 계시죠?

"개봉할 당시 상영금지처분을 받았지만 관객들은 열렬히 환영했습니다. 물론 교계에서는 부정하겠지만 그만큼 서슴없이 거짓말을 하고, 신자를 임신시킨 다음 몰래 낙태를 시도할 정도로 타락한 신부들이 엄존한다는 것입니다. 나는 그저 있는 그대로의 현실을 반영해 영화를 만들었을 뿐입니다. 미국에서는 이 영화를 개봉할 즈음 신부의 성추행 사건이 사회 이슈로 터져 나왔던 터라 더 많은 관심을 모은 것이라 생각합니다."

●두 영화 모두 사회와 인간의 어두운 측면을 고발하고 있습니다. 당신이 세상을 바라보는 관점이 반영된 것입니까?

"그렇습니다. 인간의 어두운 측면을 외면한다고 문제가 해결되지는 않는다고 봅니다. 어릴 때부터 욕망과 도덕 사이에서 갈등하는 인간 군상에 관심이 많았습니다. 나는 존재하는 현실을 그대로 보여줄 뿐입니다. 흔들리는 인간에 포커스를 맞출 뿐 사회폭로가 목적은

끊임없이 고뇌를 거듭하는 리얼리스트, 카를로스 카레라

아니라는 뜻입니다. 〈Hero〉는 소통이 완전히 단절돼 자살조차 막을 수 없는 현대사회의 비극을 5분짜리 애니메이션에 담았습니다."

● 한국은 최근 스크린쿼터 축소 혹은 완전폐지를 정책방향으로 잡았습니다.

"절대 안 됩니다. 영화는 문화의 다양성 측면에서 접근해야지 경제적 관점으로만 바라봐서는 안 됩니다. 스크린쿼터는 자본으로부터 독립적인 소수영화를 지켜내는 최소한의 울타리입니다. 물론 세계화에도 긍정적인 측면은 있습니다. 가령 〈아마로 신부님의 범죄〉는 콜롬비아 배급망을 통해 전 세계에 알려졌고, 미국을 비롯한 많은 나라에서 큰 반향을 일으킬 수 있었습니다. 결국은 자신의 색깔을 잃지 말고 끝까지 이니셔티브를 쥐는 것이 중요합니다."

● 좋아하는 한국 영화가 있습니까?

"다양한 루트를 통해 한국영화계의 장점과 문제점들을 접해 왔습니다. 박찬욱의 〈올드보이〉는 기타노 다케시가 폭력을 다루는 방식과 유사해 흥미로웠습니다. 그의 복수 시리즈를 다 봤는데 무척 유쾌하더군요. 그거, 왜 '복수하는 아저씨'와 '복수하는 아줌마', 하하. 김기덕의 〈봄, 여름, 가을, 겨울 그리고 봄〉은 나뿐만 아니라 라틴아메리카의 예술인들이 무척 좋아하는 작품입니다. 현실을 직접적으로 드러내는 데 익숙한 다른 한국영화들과는 달리 이미지만으로 내러티브를 진전시키는 방식이 독특했습니다."

태양신의 후예들, 멕시코시티

● 헐리우드 진출 제안을 뿌리치고 멕시코 잔류를 고집하는 이유가 있습니까?

"헐리우드 자체를 싫어하지는 않습니다. 알폰소 쿠아론 감독은 헐리우드에 가서도 자기만의 색깔을 잃지 않고 왕성하게 활동하고 있습니다. 저 역시 적절한 기획이 있다면 굳이 헐리우드 진출을 마다할 생각은 없는데, 지금까지 들어온 제안들은 모두 내 색깔과 맞지 않았습니다. 아마 내게는 내 아이디어가 끝까지 관철되는 독립적인 제작방식이 더 잘 맞는 것도 같습니다."

★ Guanajuato, Mexico

로맨틱 은광도시, 과나후아토

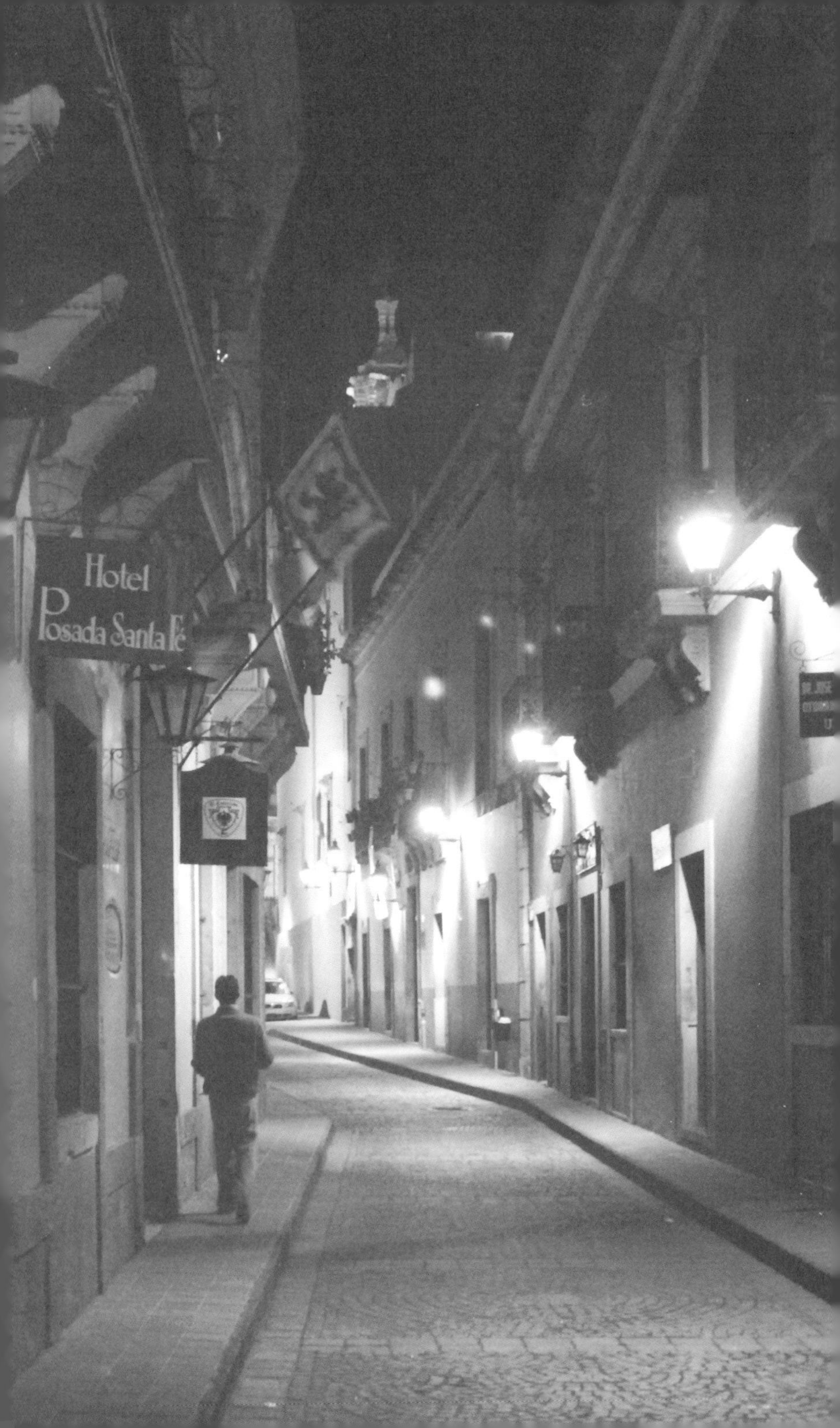
Hotel
Posada Santa Fé

세뇨리따,
이 탐스러운 달빛과 그대 두 볼에 건배!

남미는 멀다. 물리적인 거리도 거리지만, 한국에서 직항이 없다는 것도 심리적인 거리를 넓히는 한 요인이다. LA를 경유해서 스무 시간이 넘게 걸리는 긴 비행시간을 견디는 동안, 서른 중반의 나이에 회사에 휴직계를 집어던지고 '세상 끝 남미' 행 티켓을 거머쥐었던 자신감은 사정없이 쪼그라들었다.

이렇게 긴 여행을 떠나온 건 난생 처음이었다. 지인들도 하나같이 바보 같은 선택이라고 뜯어 말렸다. 하기야 또래들 모두 재테크다, 결혼이다 하여 인생의 뚜렷한 목표를 향해 전력질주를 하고 있었다. 그럴수록 더 보란 듯이 당당하게 행동했지만 속으로는 은근히 스트레스를 많이 받았다. 과연 옳은 선택이었을까…….

'다이나믹 코리아'의 직장인으로 산다는 것이 힘겨웠다

"그것 참 지겹기도 하다."

누구라도 한 번쯤은 되뇌어보았을 그 멘트를 나는 일주일에 수십 번 이상 되씹고 있었다. 실수투성이의 초년병 시기를 돌파한 직장생활은 익숙함을 넘어 기나긴 '매너리즘'의 터널로 돌입한 지 오래였고, 나는 좀체 탈출구를 발견하지 못한 채 긴 한숨만 끝없이 내뱉고 있었다.

동시대를 살고 있는 당신이라면 분명 알고 있을 것이다. 지금, 21세기 초엽을 한참 지나친 한국사회를 살아간다는 것이 얼마나 버거운 일인지를. IMF다, 리먼 사태다, 신자유주의 경제체제가 속절없이 허물어지고 있는 지금 우리가 선택할 수 있는 길은 두 갈래뿐이다. 남을 짓밟는 치열한 생존경쟁에 몰두하거나 진저리나는 매너리즘의 일상을 간신히 견뎌내거나. 물론 순간순간을 견디는 자기만의 노하우는 누구나 갖고 있다. 영화, 음악, 뮤지컬, 그도 아니라면 연애. 하지만 그러다 문득 외로움이 찾아올 때면 누구나 폐 속 깊은 곳에서부터 애달픈 한숨을 길게 뿜어내며 조용히 탄식하는 것이다.

"떠나고 싶다. 이번만은 꼭".

어찌보면 나는 운이 좋았다. 지나치게 '다이나믹'해 종종 사람의 진을 빼곤 하는 대한민국을 떠나고 싶다는 꿈이 쌓이고 쌓여 곰삭은 냄새가 풀풀 풍겨날 즈음 결단의 순간이 찾아왔고, 내겐 최소한 선택의 기회가 주어졌으니까. 그래, 떠나자.

그러나 굳은 결심을 한 이방인의 앞에 펼쳐진 풍광은 기대했던 것과 달랐다. 낭만적인 마리아치의 선율, 탁 트인 카리브해의 바다, 흥겹게 메링게를 추는 댄서들…… 그들보다 더 먼저 이방인을 둘러싼 건, 거친 악센트로 멕시코식 스페인어를 속사포처럼 쏟아대는 택시기사의 무리였다.

가슴에 멍이 든 것처럼 새파란 멕시코의 하늘을 보고 싶었다

멕시코시티 국제공항은 시장통을 방불케 했다. 이리저리 팔을 마구 잡아끄는 택시기사들에게 아연실색할 무렵, 공항까지 마중 나온 선배에게 간신히 구출됐다. 영어라고는 단 한마디도 통하지 않는다는 멕시코, 거미줄처럼 얽힌 복잡한 교통체계 때문에 길을 잃기 십상이라는 멕시코시티에서 그는 구세주 그 자체였다.

택시를 타기 위해 건물 밖으로 나오자마자 또 다른 택시기사들이 무리지어 달려든다. 줄줄이 서 있는 구형 '비틀'의 행렬이 독특한 설레임을 주었다. '저 깜찍한 비틀 택시 한번 타보면 좋겠다'고 중얼거리는 내 속마음을 읽었는지 선배가 싱긋 웃음을 짓는다.

"멕시코시티에 폭스바겐 비틀 공장이 있어. 구모델은 완전히 단종

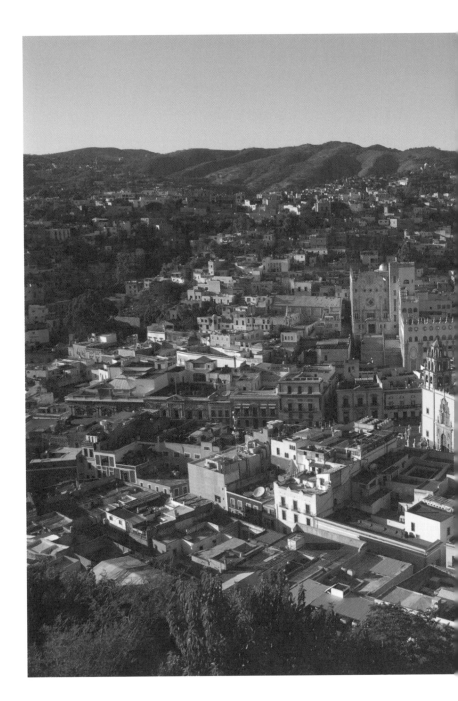

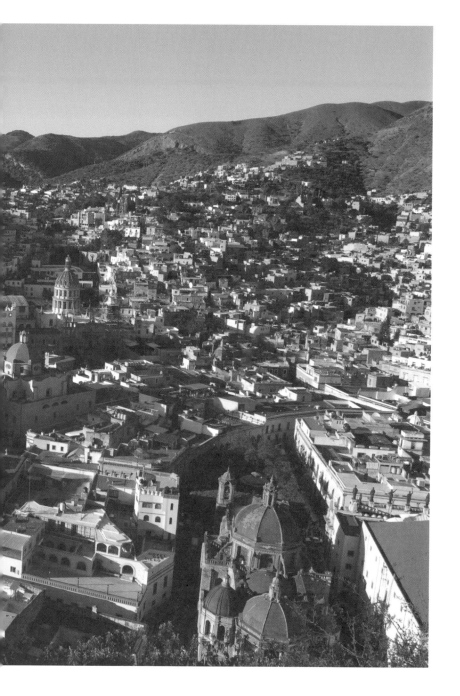

태양이 뜨면 길마다 은가루로 반짝거리는 보석 같은 도시, 과나후아토

되었고 이제는 뉴비틀만 생산하고 있지. 멕시코시티를 대표하는 차라고 할 만큼 멕시칸들에게 높은 인기를 누렸던 차야. 몇 년 전 단종이 발표됐을 때 시민들이 'La Golondrina_{조영남이 부른 '제비'의 원곡}'라는 노래에 맞춰 눈물짓는 모습을 담은 CF가 나왔을 정도라니깐. 그래도 저 차는 절대 타면 안 돼."

이제 그 역사적인 차를 타보겠구나 하고 있었는데, 이 무슨 반어법이람? 어, 어? 왜요?

"문이 두 짝밖에 없어서 택시강도를 당하기 딱 좋거든."

택시강도? 움찔하는 내 모습을 눈치챈 선배가 재미있다는 듯 웃으며 덧붙였다.

"택시강도는 나도 당해봤어. 그래도 이쪽 사람들이 인간미가 넘치는 게 '조용히 지갑이 있는 위치만 말해 달라'며 싱긋 웃더라고. 나중에 택시에서 쫓아낼 때는 차비까지 쥐어주더라니까, 으하하."

만만찮은 첫인상만큼이나 멕시코시티는 좀처럼 이방인을 살갑게 맞아주지 않았다. 하늘은 여행객을 맞은 첫날부터 잔뜩 찌푸린 인상을 좀처럼 풀어주지 않았고, 열흘이 지나도록 횃불처럼 뜨겁게 타오른다는 멕시코의 태양은 코빼기도 보이지 않았다. 낯선 풍광과 날씨, 거친 사람들의 물결에 잔뜩 겁을 집어먹은 탓인지 몇 주 동안이나 미열을 몸 속에 품은 채 집 밖으로 좀처럼 발걸음을 뗄 수가 없었다. 꿈인지 생시인지 모를 흐리멍덩한 정신에서 좀처럼 벗어나기가 힘들었다. 2주가 다 되어가도록 그저 해가 저물기를 기다려 어둡게

가라앉은 밤거리만 헤맸다. 멕시코시티의 밤은 나를 조금씩 달래주었다. 쿰비아와 메링게의 빠른 비트에 맞춰 현란하게 스텝을 밟아대는 사람들의 물결을, 요염하되 천박하지는 않은 갈색피부 여인네들의 달뜬 발놀림을 지척에서 지켜보는 건 꽤 근사한 일이었다.

하지만 이건 아니었다. 서울에서 이곳까지 스무 시간을 쉼 없이 달려온 이유는 무엇보다 가슴 한가운데에 멍이 든 것처럼 새파랗게 빛나는 멕시코의 하늘을 보고 싶었기 때문이었다. 바깥 세상이 한없이 두려운 갓난아기를 연상케하는 기나긴 퇴행 상태를 이어가는 나를 지켜보던 선배의 입에서 어느 날 낯설고도 매력적인 이름이 하나 튀어나왔다.

"과나후아토…… 은으로 덮인 도시."

즉시 짐을 꾸렸다. 그러자 사막을 향해 달리던 길 위로 파란색 물감을 하나 가득 풀어놓은 듯 푸르디 푸른 빛깔의 하늘이 열렸다. 감히 '멕시코 블루'라고 지칭해도 좋을, 그 숨넘어갈 듯한 푸른 광채와 함께 드디어 본격적인 멕시코 여행이 시작된 것이다!

멕시코 블루, 그 숨막힐 듯 푸른 빛 속으로

무의식 중에 멕시코를 제3세계라고 은근히 깔보고 있었나 보다. 가난을 이기지 못해 국경을 넘는 개미떼 같은 인파를 묘사한 각종 '멕시코적' 영상물에 세뇌당한 탓이 클지도 모른다. 6시간 넘게 버

캔버스 위에 물감을 잔뜩 풀어놓은 듯한 '멕시코 블루', 눈이 시리다

스를 타고 북쪽으로 달려야 한다기에 저절로 땅이 꺼져라 한숨이 새 나왔다. 어린 시절 시골 친척집을 찾을 때마다 올라타야 했던, 명치 끝에서 저절로 구토가 솟구쳐 오르는 비좁고 지저분한 낡은 시외버스가 저절로 연상되었기 때문이다.

기우였다. 웬만한 미국의 익스프레스버스보다 훨씬 깔끔하고 세련된 2층버스가 나타났다. 알고 보니 라틴아메리카 국가들은 최소한 버스만큼은 최고급 기종을 사용하고 있었다(물론 가난한 사람들이 이용하는 2등급 이하 버스는 그 시설이 처참하기 이를 데 없다. 페루의 3등 버스는 악몽 그 자체다!). 광활한 대륙에 걸맞지 않게 철도가 거의 발달하지 못했고, 비행기는 거의 최상류층만 이용하다 보니, 대다수 사람들은 버스를 이용해야 한다. 짧게는 10시간에서 때론 3박 4일 넘게 버스 안에만 갇혀 있어야 하는 걸 감안하면 최소 이 정도 시설은 갖춰야 하지 않을까, 하는 생각이 저절로 들기도 한다. 국제학생증을 제시하면 요금도 절반 이하로 저렴해진다.

버스에 오르려는데 직원들이 버스에 오르는 사람들의 얼굴을 일일이 비디오 카메라에 담고 있었다. 아하. 주변에 상점은커녕 농가 하나 찾아보기 힘든 황무지를 내달리는 동안, 승객이 무장강도로 돌변하는 경우가 비일비재하단다. 나중에 현상수배를 원활히 내리기 위해 모든 승객들의 모습을 영상으로 담아둔다는 이야기. 역시 이곳은 라틴아메리카다.

낯선 곳에서의 피곤함을 이기지 못해 깜빡 잠이 들고 말았다. 덜컹

거리는 소리에 화들짝 놀라 주변을 두리번거려보지만 눈을 감기 전과 별다를 바 없는 황량한 풍경만이 시선에 잡혔다. 거의 다 왔다는 버스 운전사의 설명이 이어지고 있건만 스페인 식민시절, 세계 3대 부자도시 중 하나였다는 이 도시는 어딘가에 숨어 좀처럼 자신의 모습을 드러내지 않았다. 물기 하나 없이 잔뜩 메마른 모래 위에 힘겹게 몸을 지탱하고 있는 선인장은 손에 쥐면 금세 바스라질 듯 연약해 보였다.

과연 제대로 찾아온 것일까. 약간은 불안한 심정으로 황토빛 풍경들을 줄줄이 지나치다 언덕 하나를 넘는 순간, 은광도시는 갑자기 나타났다. 차분하게 가라앉은 주위 풍광과 어우러진 핑크색 벽돌집들, 언덕을 따라 펼쳐져 있는 새하얀 대성당 건물, 그 뒤로 한없이 펼쳐져 있는 시린 빛깔의 새파란 하늘. 이곳이 바로 스페인 왕실의 방탕한 사치를 책임졌던 그 은광도시다.

키스의 골목, 점멸하는 은빛 햇살의 춤

과나후아토를 찾는 사람들 중에는 연인들이 많다. 홀로 왔던 이들도 '언젠가 연인과 함께 다시 찾아오리라'고 다짐하곤 한다. 키스의 골목 때문이다.

'옛날, 아주 오랜 옛날 귀족의 딸이 사랑에 빠졌다. 상대는 지하 갱도에서 은을 파는 광부였다. 딸의 부모들은 노발대발하여 딸을 집

조금만 몸을 내밀면 사랑하는 이의 숨결이 느껴지는 가까운 거리,
여기는 키스의 골목

안에 가두었다. 남자는 연인을 보지 못한 날들에 괴로워하며 고민하다가 한 가지 방법을 생각해냈다. 여자의 집 바로 앞으로 이사를 가는 것이었다. 그곳은 골목이 아주아주 좁아서 창문만 열면 서로의 얼굴을 맞대고 사랑을 속삭일 수 있었다. 둘은 그곳에서 몰래 사랑을 키우며 뜨거운 키스를 나누었다. 뒤늦게 이 사실을 알게 된 여자의 아버지는 노발대발하여 남자에게 총을 쏘았다. 하지만 여자는 대신 몸을 던져 총을 맞았고, 연인의 죽음을 본 남자 역시 괴로워하다가 따라서 죽었다.'

청춘의 사랑이란 장애물 앞에서 어쩔 줄 모르고 뜨거워만 지는 법. 시대와 장소를 불문하고 어디에서든 찾아볼 수 있는 '로미오와 줄리엣' 식 러브 스토리는 이곳 과나후아토에 와서 이렇게 각색되어 있었다. 중세 골목길의 낭만이 어우러진 광부의 이야기로.

과나후아토는 볼리비아의 포토시Potosí 광산과 더불어 라틴아메리카 최대 은 생산지 중 하나였다. 유럽식 광장과 대형 건축물을 사막 위에 이식한 스페인 식민시대 최대 도시 중 하나이자, 카를로스 5세가 신성로마제국의 황제가 되기 위해 교황청에 뿌려댔던 뇌물의 수원지이기도 했다. 그리하여 끝이 보이지 않는 유럽인들의 탐욕을 채우기 위해 코카 잎만 씹으며 하루 20시간 지하 갱도를 파다가 쓰러져간 원주민들의 긴 한숨이 메아리로 남아 있는 곳이다.

조심스럽게 소칼로에 첫발을 내딛었다. 햇살의 방향에 따라 때로는 투명한 핑크빛으로, 가끔은 짙은 노란색으로 빛나는 건물들의 맵

로맨틱 은광도시, 과나후아토

시가 날렵하다. 길 위에 반사된 햇살이 여행객을 환영하듯 꼬리에 꼬리를 문 채 점멸하며 춤을 춘다.

대성당의 계단 꼭대기에 앉아 한 시간이고, 두 시간이고 하염없이 도시를 내려다보고 있어도 전혀 지루하지 않았다. 눈부신 색감 탓인지 눈가가 시큰해져 왔지만 전혀 신경 쓰이지 않았다. 아니, 사실은 조금 겁을 집어 먹었는지도 모르겠다. 수묵화에 가까운 한국의 산하에 익숙해져 있는 오감이 총천연색으로 빛나는 풍경에 경계심을 드러내고 있었다.

윤기가 흐르는 은발을 멋스럽게 틀어 올린 60대 멕시코 할머니가 저 멀리서 손짓을 했다. 뭐라고 하는지 알아들을 수 없다는 포즈를 취해 보이자 만면에 웃음을 가득 띤 채 바로 코앞까지 다가왔다. 느닷없이 빠른 스페인어를 쏟아내더니 재빨리 내 머리 위의 모자를 휙 벗겨버린다.

"이 좋은 햇빛을 왜 즐기지 않느냐고 야단을 치시네. 모자 따위는 벗어던지고 신의 축복과도 같은 화창한 날씨를 마음껏 누려보라는군. 멕시코가 당신을 진심으로 환영하고 있다면서."

선배가 옆에서 웃음을 머금은 채 할머니의 메시지를 전한다. 할머니는 서투른 영어로 "실버, 실버"라고 더듬거리며 길 위에 깔린 돌들을 가리킨다.

"어? 길에 깔린 블록에 은이 섞여 있다는데? 와, 여기를 봐! 은 알갱이들이 정말 반짝거려!"

"모자 따위는 벗어던지고 신의 축복과도 같은 화창한 날씨를 마음껏 누리시오"

길 위에서 끊임없이 반사되고 있는 햇살의 정체가 은이었다! 그래, 이곳은 은광의 도시. 비록 광맥은 고갈되었지만, 그와 함께 위용도 신기루처럼 사라져버렸지만, 아직까지 길바닥의 돌 위에 은가루쯤은 마음껏 뿌려 놓을 수 있는 은의 도시.

물질의 풍요에서 문화의 풍요로, 세계 4대 문화축제도시로 거듭나다

페드로와 로드리고라는 마부 두 사람이 야영을 하다 우연히 발견한 세계 최대의 은광은, 결국 그 바닥을 드러내고 말았다. 스페인 왕실의 사치와 교황청의 로비는 만족을 모르는 괴물이었나 보다. 그렇게 한때 멕시코시티에 버금갔던 라틴아메리카 최대 도시는 서서히 쇠락해가다가 결국 인구가 8만 명까지 떨어져버렸다.

페루와는 달리 옥수수나 감자도 제대로 키울 수 없는 사막 한가운데의 척박한 도시, 갈수록 황량함을 더해가는 스산한 풍경에 새롭게 빛을 비춘 건 문화의 힘이었다. 디에고 리베라의 생가가 박물관Museo Diego Rivera으로 꾸며져 있어서가 아니다. 과나후아토는 중세풍의 건물들이 고스란히 보존된 고즈넉함으로 멕시코 예술가들의 사랑을 듬뿍 받아 왔다. 그러다가 지금으로부터 50년 전, 과나후아토대학의 학생들이 건축물과 골목길을 배경으로 세르반테스 단막극을 공연한 것을 기점으로 세계 최고의 문화도시로 탈바꿈했다.

해마다 10월이면 세계 4대 문화축제로 꼽히는 세르반테스 국제페

스티벌이 음악, 연극, 무용 등의 옷을 입고 도시 곳곳을 화려하게 장식한다. 세르반테스의 대표작 〈돈키호테〉를 테마로 삼은 돈키호테박물관Iconografico Don Quijote도 흥미롭다. 화려하게 부활한 도시는 인구가 20만 명으로 다시 불어나 전성기의 위용을 되찾았을 뿐 아니라 유네스코 세계문화유산으로 등재되는 새로운 영광까지 맛본다. 이제 과나후아토 도심 한가운데에 더는 차가 다니지 못한다. 골목길을 마음껏 걸으며 공기 속을 떠다니는 문화의 향취를 양껏 들이마실 수 있는 문화도시로 변신한 것이다.

거미줄처럼 얽혀 있는 과나후아토의 골목길로 들어섰다. 길을 잃을 걱정 따위는 안 한다. 과나후아토의 모든 길은 결국 도시 한가운데 소칼로로 통하거나, 아니면 정상에서 도시를 내려다볼 수 있는 산 미겔 언덕으로 향하니까.

길 위에서 갖가지 사연을 지닌 사람들이 곁을 스쳐 지나간다. 소박한 주택가 한 쪽을 차지하고 있는 과달루페 성모Guadalupe, 스페인 정복자들이 원주민들에게 개종을 강요했을 때 '또난친'이라는 토속 여신은 갈색피부를 가진 성모 마리아 '과달루페'로 둔갑에게 두 손을 모아 경배를 드리는 사람들과 축구공을 품에 안고 공터로 달려가는 아이들에게 집중하고 있자니 야트막한 오르막길을 서로 의지한 채 걸어 올라가는 고부인지 모녀인지 모를 두 여성의 뒷모습이 눈에 들어왔다. 지팡이를 짚은 채 천천히 발걸음을 떼어놓는 할머니를 부축하고 있는 중년 여성의 긴 그림자 위로 서서히 어스름이 내리고 있다. 가로등의 노란 불꽃이 점점이 빛을 발하기 시작

에스투디안티나의 웅장한 음악에 넋을 잃다

했다. 새까맣게 변해가는 골목길과는 대조적으로 푸른 하늘색은 좀 처럼 빛이 바라지 않는다. 해가 떨어진 다음에도 남미의 하늘은 서너 시간은 족히 파랗게 빛난다.

에스투디안티나를 따라 밤새 골목을 헤매다

잠시 피곤한 다리를 쉬러 자리 잡은 노천카페에 마리아치^{Mariachi. 바이올린, 비구엘라 기타, 트럼펫 등으로 구성된 멕시코의 전통 음악 양식. 차로와 솜브레로라는 전통 유니폼을 입은 악단. 주로 낭만적인 사랑의 세레나데를 노래한다}와 반다^{Banda. 경쾌한 노래를 연주하는 멕시코 북부지방의 악단}, 그리고 노르테뇨^{Norteno. 반다와 유사하나 소규모 그룹으로 형성된 북부지방의 대중악단}들로 시끌벅적하다. 한바탕 요란스런 난장이 끝나고 나자 저 멀리 과나후아토를 대표하는 에스투디안티나^{Estudiantina}가 그 모습을 드러냈다. 중세 수도원의 가난한 고학생들이 시민들에게 후원금을 받기 위해 골목길을 누비며 문화공연을 했던 전통이 지금까지 이어져 내려오고 있는 것이다.

중세풍의 벨벳 옷을 갖춰 입은 십여 명의 에스투디안티나들이 깃발을 앞세운 채 골목길을 누빈다. 주민들과 관광객들이 구름처럼 몰려 그 뒤를 따라 다녔다. 에스투디안티나는 때로는 감미로운 세레나데를, 가끔은 격정에 찬 세르반테스 단막극 속 대사의 한 토막을, 나중에는 모두가 한데 어우러져 경쾌한 춤의 난장을 펼쳐내고 있었다.

한참을 정신없이 따라다니다가 잠시 대열에서 벗어났다. 축제의 열기를 피해 숨어든 적막한 골목길에서 담벼락에 몸을 맡긴 채 달빛에 비춰 책을 읽고 있는 20대 미국인 여성과 마주쳤다. 선배가 장난스럽게 농담을 건다.

"이 탐스러운 달빛을 혼자서만 즐기고 있소?"

나지막한 웃음소리와 함께 즉각 따라 나오는 대답.

"달빛과 당신, 그리고 세르반테스를 위하여."

은광도시가 흐릿한 달빛에 물들어간다. 저 멀리 끝도 없이 이어지던 에스투디안티나의 소란스러운 연회 소리가 어느덧 잠잠해지고 있다. 지금 이 순간, 골목에서 길을 잃어도 전혀 두렵지 않을 것만 같다.

저 불빛 사이 어느 골목에서, 연인들은 뜨거운 키스를 나누고 있겠지……

★ Guadalajara, Mexico

테킬라와 마리아치의 고향, 과달라하라

'꾸꾸루꾸꾸 팔로마'
마리아치의 구슬픈 연주를 들었다

멕시코 북부와 남부는 분위기가 정반대다. 많은 사람들이 멕시코라 하면 떠올리는 장면은 게릴라 사파티스타의 주 본거지인 치아파스 주일 것이다. 치아파스를 포함한 멕시코 남부는 가장 가난한 지역으로 주로 원주민들이 거주하고 있다. 때문에 요즘도 원주민들의 무장봉기가 간간이 일어나곤 한다. 반면 멕시코 북부는 상대적으로 부유한 지역으로 낭만적이고 아름다운 풍광과 도시들이 참 많다. 미국과 국경을 맞대고 있기 때문에 미국인들이 가족 단위로 차를 끌고 호젓하게 여행을 다니는 모습도 자주 눈에 띤다.

멕시코 제2의 도시, 과달라하라는 그야말로 멕시코의 낭만과 아름다운 풍광을 한데 비벼넣은 도시라 칭할 수 있다. 세계인이 사랑하는 독주 '테킬라', 그리고 전통음악 '마리아치'의 고향.

꾸꾸루꾸꾸, 슬픈 표정의 비둘기 한 마리 날아왔네

멕시코를 대표하는 흥겨운 음악, 마리아치는 우리에게도 익숙하다. 영화 〈구름속의 산책〉에는 키아누 리브스가 연인에게 프로포즈를 하기 위해 농장에서 일하는 마리아치 밴드에게 사랑의 세레나데를 배우는 인상적인 장면이 나온다. 멕시코에서는 결혼식, 축제일 등 사람들이 기쁨을 함께 나누는 행사가 열릴 때마다 특유의 익살스러운 제복을 맞춰 입은 마리아치 밴드가 전면에 나서 경쾌한 세레나데를 연주한다. 마리아치 밴드를 불러 프로포즈 연주를 시키는 장면도 거리 곳곳에서 찾아볼 수 있다.

마을 입구에 들어서자마자 새하얀 제복 위에 버섯을 닮은 멕시코 전통모자 솜브레로^{sombrero}를 맞춰 입은 마리아치들이 줄지어 이방인을 맞는다. 노천카페에 앉자마자 나이가 지긋해 보이는 리더가 다가오더니 정중하게 음악 한곡 들을 것을 청한다. 4~7명이 현악기, 트럼펫, 멕시코기타 등을 연주하는 마리아치들은 별다른 수입원이 없다. 이처럼 관광객이나 현지 주민들에게 연주를 들려주고, 그들이 알아서 챙겨주는 약간의 돈을 유일한 생계수단으로 삼는다. 하지만 음악 수업을 받기 위해 열 살도 채 안 된 어린이들이 줄을 이을 정도

저 애잔한 선율, 이역만리 타지를 떠돌던 나그네의 가슴에 고요한 파문이 인다

로 마리아치의 인기는 하늘을 찌른다. 멕시코의 전통 곳곳에 박혀 있는 마리아치에 대한 멕시칸들의 끊임없는 사랑이 여전한 인기를 유지하는 비결일 것이다.

해가 저물기 시작하자 곳곳에 흩어져 있던 마리아치 밴드들이 마을 한가운데 위치한 광장으로 집결하기 시작했다. 주변보다 1미터 이상 높게 설치된 즉석 야외무대에서 과달라하라를 대표하는 마리아치 밴드들이 경쾌한 선율을 연주한다. 이에 맞춰 풍부한 성량과 그에 못지않은 푸짐한 몸매의 여가수가 멕시코의 전통노래를 들려주기 시작했다. 영화 〈그녀에게 Hable con Ella〉에 등장해 한국에서도 큰 인기를 모은 바 있는 〈꾸꾸루꾸꾸 팔로마 Cucurrucucu Paloma〉의 애잔한 선율이 이방인의 정신을 앗아가 버린다.

"꾸꾸루꾸꾸 팔로마, 어느 날 슬픈 표정의 비둘기 한 마리가, 쓸쓸한 그의 빈집을 찾아와 노래했다네."

감미로운 음악을 들으며 과달라하라의 밤이 깊어간다. 낯설게만 보였던 멕시칸들의 검붉은 낯빛이 친숙하게 다가온다. 테이블을 건너뛰며 현지인들과 다정하게 어깨동무를 한 채 음악에 취해 테킬라 한 잔을 기울이는 이 밤은 세상 그 무엇과도 바꿀 수 없다.

살루트, 테킬라!

이튿날 아침, 테킬라로 발길을 옮겼다. 전 세계인이 사랑하는 술,

테킬라의 이름은 이 마을의 지명에서 따왔다. 한국의 7월에는 청포도가 익어가듯 멕시코의 7월에는 선인장이 탐스럽게 익어간다. 과달라하라 시내에서 1시간 거리인 테킬라 마을까지 가는 길모퉁이마다 작게는 30센티미터에서 크게는 3~4미터에 이르는 다양한 선인장들이 내게 환영 인사를 보내고 있다.

테킬라는 용의 혀를 닮았다고 해서 '용설란'이라는 별명이 붙은 아가베^{Agave} 선인장을 주원료로 한다. 7~8년 된 아가베 잎을 마체테^{Machete}라는 전통 낫으로 모두 쳐내면 어른의 머리통을 몇 개 합쳐놓은 크기의 파인애플 모양 뿌리가 남는다. 50~80킬로그램까지 나가는 이 묵직한 뿌리를 20시간 정도 찜통에 쪄내면 달콤하면서도 쌉싸름한 테킬라의 원액이 추출된다.

마을 외곽에 위치한 공장에 들어서니 달콤하면서도 독한 향내를 풍기는 테킬라가 웬만한 집의 거실 크기만 한 큰 통에 담겨진 채 발효되고 있다. 이제 몇 번의 증류과정만 거치면 알코올도수 40도가 넘는 독주, 테킬라가 그 모습을 드러낼 것이다. 완성된 술은 오크통에 담겨져 그늘에서 3개월에서 3년까지 숙성된 뒤 애주가들의 입에까지 도달하게 된다.

천장 끝까지 오크통으로 가득한 공장은 그야말로 애주가들에게는 천국과도 같은 곳이었다. 이 핑계로 한 잔, 또 저 핑계로 한 잔씩 독주를 권하는 현지 가이드의 큰 손 탓에 금세 취기가 머리끝까지 오른다. 취한 정신에도 "테킬라만큼 숙취 없는 술도 없다"는 가이드의

이곳이 천국이다!

설명에 안도감이 밀려온다. 반쯤 졸면서 과달라하라 시내로 돌아오는 길, 멕시코의 태양은 여전히 뜨겁고, 저물 생각을 하지 않는다.

이달고 신부의 날카로운 눈매를 마주하다

뒤끝 하나 없이 맑은 정신으로 잠에서 깼다. 슬금슬금 게으름을 피우다 아르마스광장 뒤편에 있는 고비에르노궁전Palacio de Gobierno, 지금은 주정부청사으로 향했다. 리베라, 시케이로스 등과 더불어 멕시코 3대 화가라 일컬어지는 호세 클레멘테 오로스코José Clemente Orozco가 그린 벽화를 보기 위해서다. 스페인에 맞서 멕시코의 독립운동을 이끌었던 미겔 이달고 신부의 날카로운 눈매가 인상적인 작품 '이달고 신부의 초상'이 나를 맞는다.

과달라하라가 고향인 오로스코는 고비에르노궁전과 카바냐스Cabanas 문화회관에 혼을 담은 작품들을 다수 남겼다. 어릴 때 폭약 사고로 한쪽 팔을 잃은 화가라고는 믿기지 않는 불같이 힘 있는 작품들이다. 마흔이 다 된 나이에 화가가 된 그는 대학에서 건축설계를 전공했던 경험을 살려서 벽화 작업에 발군의 실력을 발휘했다. 오로스코의 그림은 원주민의 찬란했던 과거 역사를 재현하는 데 집중했던 리베라나, 리얼리즘과 아방가르드가 혼합된 그림을 그렸던 시케이로스David Alfaro Siqueiros. 입체적으로 돌출부를 만든다거나 애나멜을 칠하는 식으로 질감의 변화를 주는 것이 특징 와는 확연히 구분된다. 그는 타락과 양심의 갈등 등 인간의 원초적인 감정을 추상화 기법을 동원하여 표현해낸다.

강한 포스를 내뿜고 있는 이달고 신부에게 작별을 고한 뒤 카바냐스 문화회관Cabanas으로 발길을 옮겼다. 처음에는 수도원이었고, 20세기 들어서는 3천 명에 달하는 고아를 수용했다는 이 건물에는 옛사람들의 자취는 간 데 없고 쓸쓸한 공기만이 주변을 가득 채우고 있었다. 드넓은 문화회관의 정원을 걷다가 본건물의 회랑으로 들어섰다. 바닥에 철퍼덕 드러누워 천정을 주시하고 있는 사람들의 물결이 가장 먼저 시선을 잡아끈다. 저곳이 '불의 인간'이구나.

반쯤 넋이 나간 듯 미동도 하지 않는 사람들의 눈길을 좇아 천장으로 시선을 돌리니 주변을 모두 불태울 듯 벌겋게 빛나는 벽화들이 눈에 와 꽂힌다. '불의 인간'의 장엄한 자태가 수백 미터가 넘는 천장 곳곳에 넘쳐난다. 인간의 부패와 타락, 양심와 죄의식으로 불길 속에 휩싸인 남자들의 이미지. 마치 미켈란젤로의 '최후의 심판'처럼 하나하나 살아 꿈틀거리듯 생동감 넘치는 벽화였다. 리베라나 시케이로스에 비해 뒤늦게 인정을 받았던 오로스코가, 근래 들어서 평론가들에게 왜 더 높은 평가를 받는지 실감할 수 있었다.

비눗방울을 좇던 소년, 호세 에스테반

자줏빛 부감빌리아 꽃이 화사하게 피어오른 아르마스광장 앞 벤치에 멍하게 앉아 지나가는 멕시칸들을 바라보고 있었다. 과달라하라는 미인들이 넘쳐나는 고장으로 유명하다. 아니나 다를까 독특한 매

이달고 신부님, 어디까지가 사회의 책임인가요? 어디까지가 개인의 영역인가요?

카바냐스 문화회관. 바닥에 벌렁 눕지 않고서는 오로스코의 웅장한 그림을 한눈에 담을 수 없다

삶의 지난한 무게를 깨달아버린 어린아이의 눈망울보다 무거운 게 없다는 걸 깨닫는다

력을 갖춘 까무잡잡한 피부의 메스티소 아가씨들이 긴 머리칼을 휘날리며 광장을 활보하는 모습이 종종 눈에 들어왔다.

흐뭇한 시선으로 그녀들을 감상한 것도 잠시뿐이었다. 나른한 햇살 아래 지난한 여행의 피로가 스멀스멀 기어 올라와 꾸벅꾸벅 졸고 있을 무렵, 예닐곱 살이나 먹었을까 싶은 소년이 축 처진 어깨를 한 채 걸어오는 모습이 시선에 잡혔다. 소년은 허름한 옷차림에 껌이니, 과자부스러기 등을 담은 추레한 바구니를 들고 무심히 지나치는 어른들의 뒷모습만 멍하니 바라보고 있었다.

숫기가 없는 탓인지 물건을 팔 생각도 하지 못한 채 고개만 푹 숙이고 있던 아이의 생기 없는 눈망울이 반짝 빛나기 시작한 건 비누거품 장수가 나타나 광장에 비눗방울을 하나 가득 흩뿌린 다음부터였다. 순간 아이는 생업의 도구를 내팽개친 채 정신없이 비눗방울을 뒤좇았다. 하지만 채 5초도 지나지 않아 다급하게 바구니로 돌아왔다. 서글프게도 이 어린 소년은 삶의 지난한 무게를 이미 깨닫고 있는 것 같았다. 그 와중에도 시선만은 여전히 비눗방울에 꽂힌 채였다.

이름을 물어보았지만 수줍어하며 결국 대답하지 않던 그 소년을 나는 '호세 에스테반'이라고 이름붙였다. 그리고 리우데자네이루의 빈민가 뒷골목에서, 페루 리마의 해변가 미라플로레스에서, 안데스 산맥에 위치한 '세계의 배꼽' 쿠스코에서 마주쳤던 그 모든 호세들을 위해 잠시 기도했다.

멕시코의 7월은 선인장이 탐스럽게 익어가는 계절, 테킬라가 달콤하게 익어가는 계절

★ La Paz, Bolivia

안데스의 미래, 라파스

세상이 그대를 속일지라도……
당당하게!

볼리비아는 참 묘한 나라다. 가난하기 이를 데 없는 땅, 남미에서도 가장 가난한 나라에 속하는 이곳은 라틴아메리카 역사상 최초로 원주민 대통령이 당선돼 화제를 뿌렸던 '원주민아메리카'이다(인디오의 비율이 전체 인구의 절반을 넘는다). 배가 운항하는 광대한 호수 중, 세상에서 가장 높은 곳에 있는 티티카카호수와 '연인들의 영원한 성지' 우유니 소금사막이 있는 로맨틱한 국가이기도 하다. 지나간 옛 사랑을 추억하는, 또는 다가올 사랑에 대한 설렘을 간직한 청춘남녀들이 매년 성지순례를 하듯 이 척박한 대지를 찾는 이유다.

나는 볼리비아의 수도 라파스^{La Paz}로 가기 위해 안데스로 나섰다.

세계에서 가장 긴 사막, 아타카마의 잿빛 풍경

칠레의 수도 산티아고를 출발하여 북쪽 아리카에 도착한 때는 마침 독립기념일이었다.

회색에 가까운 주위 풍경이 시선을 사로잡는다. 이곳은 아타카마 사막. 안데스산맥과 코스트산맥 사이에 위치한, 세계에서 가장 긴 사막이다. 과연 세계에서 가장 긴 국토를 가진 칠레답다. 남북으로 천 킬로미터에 달하는 이 사막을 육로로 횡단한다는 것은 교통수단이 그리 발달하지 못했던 몇 십 년 전까지만 해도 목숨을 담보로 하는 행위였다. 물론 버스의 성능이 향상된 요즘에는 꼬박 60시간 이상을 달려야 하는 지루함만 참는다면 이 황량한 사막을 건너는 데 큰 위험은 없다. 가도 가도 변하지 않는 삭막한 풍광 탓에 졸음운전으로 차량이 전복되는 사고가 가끔씩 일어나곤 한다는 점만 조심한다면 말이다. 60시간을 넘게 달리는 동안 딱 두 번 버스가 멈췄는데 모두 대형사고가 일어났던 현장에 건립된 추모비에 들르기 위해서였다. 버스기사는 그때마다 정중하게 추모비에 일일이 물을 뿌려주며 묵념을 올렸다. 그리고는 추모비의 정중앙에 위치한 '운전자를 수호하는 성인상' 앞에 서서 운행기간 내내 성인이 자신의 안전을 지켜 주기를 간절히 기원했다. 가톨릭과 토속신앙이 결합돼 각 직종별로 수백 명의 수호성인을 탄생시킨 지극히 남미다운 풍경이다.

너무나 오랫동안 버스 좌석에만 앉아 있다 보니 허리 부근의 신경이 서서히 마비되기 시작했다. 이러다가 앉은뱅이라도 되는 건 아닐까, 조금씩 두려움이 엄습할 즈음 아리카에 도착했다.

끝날 줄 모르는 고단한 안데스의 삶

그렇다. 그것은 군인의 행렬이었다. 피노체트의 극악한 군사정부가 물러난 지 이미 오래건만 여전히 지방에는 군벌들의 영향력이 막강하다는 사실을 실감할 수 있었다. 무엇보다 씁쓰레한 풍경은 그 기나긴 행렬의 마지막 줄에 서서 북소리에 맞춰 어색한 행진을 하고 있는 원주민의 모습이었다.

원래 아리카를 비롯한 칠레 북부 지역은 '원주민의 나라' 볼리비아의 영토였다. 20세기 초반 막대한 이익을 창출했던 초석광산을 둘러싸고 치열한 전쟁을 벌인 끝에 칠레가 북쪽 지역의 영토를 빼앗은 것이다. 이 전쟁 이후 볼리비아는 바다를 잃고 육지 안에 고립되었고 볼리비아의 해군 본부는 티티카카호수로 퇴각해 자리를 잡았다. 비록 바다는 잃었지만 언젠가 자신의 영토를 되찾겠다는 일념 하에 볼리비아 군은 해군 병력을 그대로 유지하고 있다. 티티카카호수에서 해군은 정기적으로 군사 훈련까지 진행한다.

하긴 그러고 보니 잉카 제국의 후예인 원주민들에게 나라 이름이 '칠레' 건 '볼리비아' 건 무슨 상관이 있을까. 중요한 것은 여전히 남미의 원주민들은 그 어느 나라에서도 사회 최하층에 위치한 채 기본 생계도 잇기 힘든 비참한 삶을 이어가고 있다는 사실이다. 남부 치아파스 주에서 사파티스타 민족해방군의 반란이 일어난 것도 남미의 현실에 비춰보면 지극히 당연한 결과다. 스페인 식민 시대가 막을 내린 지 이미 오래건만 소수 권력자에게 부가 집중되는, 미국의 입맛에 맞는 허수아비 정부만 들어서 온 라틴아메리카의 고난은 아직 끝나지 않았다.

버스가 안데스산맥에 오르자 눈앞의 풍경이 아릿하게 흐려진다. 이곳은 해발 6,100미터 이상의 고봉이 50개가 넘는, 세계에서 히말라야 다음으로 높은 남미 최대의 산맥, 안데스다. 고산병을 이기기 위해서는 코카 잎을 씹거나, 코카차를 끓임없이 마셔줘야 한다. 코카인의 원료로 잘 알려져 있는 코카 잎은 그 자체로는 마약 성분이 없다. 화학적으로 가공해야만 마약으로 변모하는 것이다. 다만 코카 잎에는 미세하게나마 신경을 마비시키는 기능이 있다. 고지대로 올라갈수록 숨이 가빠지고 머리가 멍해지는 현상을 진정시킬 수 있는 것이다.

물론 제아무리 응급처방을 하더라도 끓임없이 찾아오는 두통은 멈출 생각을 않는다. 그저 자연의 섭리대로 시간이 흐를 만큼 흘러 육신이 서서히 대자연에 적응될 때까지 기다리는 수밖에 없다. 몽롱한 정신으로 창밖을 본다. 안데스 정상 곳곳에 자리 잡은 조그마한 호수들이 꿈인 듯 생시인 듯 창밖을 스쳐간다. 저 멀리 뛰어가는 사슴을 닮은 동물이 라마인지, 비쿠냐인지, 그도 아니라면 알파카인지 좀처럼 구분하기 힘들다.

안데스산맥을 넘어 라파스로

라파스는 세계에서 가장 높은 곳에 위치한 수도다. 무려 해발

안데스의 미래, 라파스

코카 잎을 씹으며, 현실이 사라진 몽환에 업혀서 안데스를 넘었다

시련은 비움이고, 비움은 행복이다

3,600미터에 달한다. 볼리비아라는 나라 자체가 안데스 산맥의 큰 줄기를 따라 늘어서 있기 때문이다. 라파스는 1548년 알티플라노 고원의 맨 꼭대기에 건설된 유서 깊은 도시다. 동쪽으로 80킬로미터 떨어진 페루 접경 지역에 티티카카호수가 있다.

라파스의 첫인상은 어두침침했다. 전력 공급이 불안정하기 때문인지 도시의 조명 자체가 무척 어두웠다. 라파스는 가운데가 푹 패인 단구 위에 세워진 도시다. 가장 낮은 한가운데에 중심가가 있고, 단구의 중간 즈음에 상류층인 백인 주택가, 가장 높은 곳에는 가파른 경사를 따라 빈민촌이 다닥다닥 붙어 있다. 라틴아메리카가 스페인 정복자들에게 침략당한 이후 그만큼 많은 수의 원주민들이 살해당했거나, 광범위한 혼혈화가 이루어졌다는 뜻이다. 스페인으로부터 독립한 지 이미 오래건만 원주민 국가인 볼리비아에서도 국민 대다수인 인디오들은 여전히 사회 최하층을 점한 채 주로 빈민촌에 거주하고 있다.

2005년, 볼리비아는 세계적인 이슈의 한가운데에 섰다. 남미 최초로 순수 원주민 출신 대통령 에보 모랄레스Evo Morales가 당선됐기 때문이다. 하지만 시간이 한참 지난 지금까지도 볼리비아의 미래는 불투명하다. 경제력을 독점해왔던 주류 백인사회는 외국으로 재산을 빼돌리겠다는 위협을 서슴없이 하고 모랄레스 대통령은 여전히 효과적인 정책을 내세우고 있지 못하다.

단 100미터를 걷는 것조차 쉽지 않았다. 도시의 기본 구조가 오르막인데다 산소가 평지의 사분의 일에 불과한 탓에 조금만 걸어도 숨이 차오른다. 머리가 띵하면서 주기적으로 두통이 밀려오는 것은 기본이다. 바보가 된 느낌이었다. 감각이 한 박자 늦게 작동하는 탓에 내가 지금 어디를 걷고 있는지, 무엇을 보기 위해 이 높은 곳까지 찾아왔는지 아무런 자각도 할 수 없었다. 정신을 수습해보니 어느덧 시내 한가운데에 위치한 대통령관저를 지나고 있었다. 여느 다른 나라의 대통령궁처럼 제복을 차려입은 근위병이 정문을 지키고 있다. 아! 꼬질꼬질한 때가 묻은 제복을 입은 채 금방이라도 쓰러질 듯 위태위태하게 제자리를 지키고 있는 키 작은 근위병의 초라함이라니.

남성용 중절모를 쓴 여인들

중심가인 무리요광장에 아이를 들쳐 업은 채 멍한 눈빛으로 낯선 이방인을 주시하고 있는 여인네들이 넘쳐났다. 손가락만 빨고 있는 한 아이에게 사탕을 건네주자 어머니의 표정이 환하게 밝아진다. 선배가 스페인어로 말을 걸어 보았다. 나이가 고작 18세라고? 족히 마흔은 되어 보이는 어린 어머니의 이마에는 짙은 주름살이 깊이 패어 있다. 시선을 주변으로 돌려보니 서양식 중절모에 갖가지 빛깔로 채색된 전통의상을 입은 여인네들이 구부정하게 등짐을 진 채 힘겨운 발걸음을 옮기고 있다.

잉카제국 시절의 전통의상은 이미 자료조차 남아 있지 않다. 지금

억압의 상처를 운명으로 보듬고 살아가는 그네들

저 휘황찬란한 하늘보다 더 빛나는 웃음을 보라

원주민들이 입고 있는 옷들은 18세기 들어 카를로스 3세가 스페인 안달루시아 지방과 바스크 지방의 농민들이 입던 의상을 강요한 이후 전통의상으로 굳어진 것이다. 여기에 각 부족을 구분하기 위해 각각 다른 모양의 서양식 중절모를 씌운 것이 지금까지 이어져 내려오고 있다. 여성은 블라우스 위에 알록달록한 망토를 두르고, 펑퍼짐한 주름치마를 입는다. 남자들 또한 알록달록한 망토를 걸치는데 보통 무릎까지 내려온다. 포대 자루에 머리와 양팔이 나올 수 있도록 구멍을 뚫은 형태로 만들어져 있다고 한다.

스페인의 지배자들은 왜 하필 서양의 남성용 중절모를 원주민 여성들의 머리에 씌웠을까. 혹시 조롱의 의미가 담겨 있었던 것은 아닐까? 원주민들이 형형색색의 화려한 빛깔로 만들어진 복장을 입게 된 데에는 도주를 방지하기 위한 목적도 포함되어 있다는 한 역사가의 주장이 떠올랐다.

라파스 시내의 유일한 한인 식당에 들러 한국 과자와 라면 몇 봉지를 샀다. 기나긴 여행의 향수를 달래기 위해서다. 평지에서 생산된 다음 고산지대까지 이동한 탓에 봉지가 금방이라도 터질 듯 빵빵하다.

뜨거운 대륙, 고뇌하는 사람들

라틴아메리카 투어. 압도적인 총천연색 풍광과 열정적인 사람들의 물결 앞에 그야말로 말을 제대로 잇기 힘들 정도로 격렬한 여정을 밟아왔다. 한 항공사 CF에도 등장하듯, 지금껏 우리에게 비춰진 남미는 아마존, 이과수폭포, 팜파스, 이름 모를 수많은 야생동물 등이 거의 전부였다. 남미 대륙은 '세계 최고'라는 타이틀을 달고 있는 장소가 유독 많다. 폭포, 호수, 사막, 산맥 등등 그 광활한 대자연 앞에 그저 경탄을 바치는 것 말고는 할 수 있는 게 없을 정도다.

하지만 그 보다 더한 볼거리는 바로 사람이다. 삼바, 보사노바, 탱고, 메링게, 레게 등 지금 전 세계를 사로잡고 있는 폭넓은 남미의 음악 세계는 그 어떤 고난에도 희망을 잃지 않았던 라틴아메리카 사람들 특유의 낙천성 덕분에 탄생했다. 세계를 주름잡는 건축물, 그림, 영화 등 다양한 문화 양식이 꽃피울 수 있었던 것도 바로 이 사람들의 끝을 알 수 없는 저력 덕분이다. 무엇보다 보다 더 나은 미래를 향한 꿈을 잃지 않고, 현실에 정면으로 맞서온 당당한 사람들이 모여 사는 땅이다. 당신이 만약 드넓은 라틴아메리카 대륙에 발을 딛게된다면 그 열정적인 사람들의 숨결에 가장 먼저 주목해 보라.

그러니까 한국에서도 좌파의 목소리가 공공연히 터져 나오던 때가 있었다. 민주주의를 위해 군사정권에 맞서 싸웠던 학생운동의 전성기 1980년대 중반, 또는 케케묵은 주체사상을 추종하는 주사파가 대학가를 점령했던 1980년대 후반을 이야기하는 것이 아니다. 이제는 다 잊혀졌지만 1990년대 중반, 한국의 대학가에는 미셸 푸코, 안토니오 그람시, 루이 알튀세, 안토니오 네그리 등 좌파 (정확히는 신좌

파) 지식인들의 저서가 봇물처럼 밀려 들어왔다. '상상력에게 권력을', '생은 다른 곳에' 등 1968년 파리혁명 당시의 구호가 교내 게시판을 장식했고 탈주, 노마디즘, 진지전, 감시와 처벌, 섹슈얼리티 정치학 등 생경하면서도 매혹적인 단어들이 공기 속에 자연스럽게 스며들었다.

《체 게바라 평전》이 베스트셀러에 오른 것도, 경찰대학 논문에까지 미셸 푸코의 이론이 등장한 것도, 한 라디오 프로그램에서 리버 피닉스의 〈허공에의 질주〉와 함께 인터내셔널가가 자연스럽게 흘러 나왔던 것도 모두 이때다. 바야흐로 '현실에 저항하는 노동계급의 음악, 록'이라는 테제가 홍대 앞 독립음악진영에 이론적 토대를 제공했고, '섹슈얼리티와 성정치'라는 언명이 아직 음지에 머물러 있던 동성애 운동에 자신감을 불어 넣었다. 홍세화, 고종석, 강준만 등 자유주의자들과 즐거이 논쟁하던 좌파 칼럼니스트 진중권, 김규항, 박노자가 기지개를 펴기 시작한 것도 바로 이 시기다.

하지만 7시를 알리는 종소리와 함께 기차는 떠나 버렸다. 아무도 기대하지 않았던 〈마틴 기어의 귀향Le Retour De Martin Guerre〉처럼 느닷없이 찾아왔던 이론들의 향연은 하루아침에 신기루처럼 모두 녹아 버렸다. 여전히 한국의 보수언론은 지하철 파업을 '시민들을 볼모로 경제적 이익 챙기기에 급급한 이기주의'로 몰아 부치고, 우파들은 북한에 식량 지원을 중단하라는 구호를 앞세워 시청 앞 광장에서 대형 성조기를 휘날린다. 중도우파 노무현 정부를 '친북좌파정부'라

매도하는 것은 덤이다. 그 시절의 그림자는 이제 드라마 〈발리에서 생긴 일〉에서 소지섭이 품속에 고이 간직한 그람시의 《옥중수고》로만 존재한다.

7시 종소리와 함께 기차는 떠나버렸는가

　라틴아메리카는 역사적으로 실패와 패배만을 거듭해 왔다. 찬란한 잉카제국과 아스테카왕조는 스페인의 소수 병력에게 처참하게 짓밟혔고, 수백 년 동안 원주민들은 코카 잎만 씹으며 지하 광산에서 하루 18시간씩 일하다 쓰러져갔다. 스페인으로부터 독립한 이후에는 '미국의 앞마당' 이라는 치욕에 시달려야 했다. 미국은 라틴아메리카를 원료공급처와 공산품 소비시장, 그 이상으로도 그 이하로도 생각하지 않았다. 라틴아메리카의 국부를 독점한 다국적기업들은 원주민과 노동자들이 저항할 때마다 친미 정부의 군사력을 이용해 손쉽게 진압했고, 좌파 정부들은 미국의 사주를 받은 쿠데타 세력에게 밥 먹듯이 전복당해 왔다. 미국은 자신의 군사학교에서 남미의 장교들에게 고문방법을 포함한 광범위한 군사교육을 실시했다. 니카과라에서는 콘트라 반군에 막대한 지원을 수행해 산디니스타 정부를 패퇴시켰고, 칠레에서는 아옌데 정부를 불길 속으로 몰아넣었다. 20세기 들어 남미의 모든 나라에 한 번씩은 좌파 정부가 들어섰지만 10년 넘게 생명을 부지한 곳은 쿠바의 카스트로 정권밖에 없다.

안데스의 미래, 라파스

그러나 끊임없는 탄압에도 불구하고 그들은 들불처럼 되살아났다. 라틴아메리카는 좌파 이론의 경연장과 마찬가지다. 레닌식 공산주의 혁명부터 아옌데식 선거 사회주의까지, 산디니스타 해방전선의 마오이즘과 체 게바라의 국제게릴라주의가 공존하는 곳이다. 에바 페론의 국가사회주의와 사파티스타 민족해방군, 마르코스 부사령관의 원주민 해방론이 여전히 강한 영향력을 발휘하는 대륙이기도 하다. 물론 그 배경에는 미국을 중심으로 한 서구자본주의의 끊임없는 수탈, 극심한 빈부격차라는 엄혹한 현실이 놓여 있다.

20세기 내내 패퇴를 거듭해 왔던 라틴아메리카의 좌파 세력들은 최근 역사상 유래가 없을 정도로 강세를 보이고 있다. 노동자 중심주의를 역설하는 브라질의 룰라 대통령, 반미 민족주의 색채가 강한 차베스 베네수엘라 대통령, 민주주의 절차를 중시하는 칠레의 바첼렛 전前대통령, 원주민 중심주의를 외치는 모랄레스 볼리비아 대통령 등 각자 색깔은 다르지만 스스로의 위치를 왼쪽에 두고 있는 정부들이 우파를 압도하고 있다.

물론 그림자 또한 길다. 체 게바라의 동료였던 카스트로의 쿠바 정부가 수십 년을 버티는 동안 독재의 긴 잔상을 남겼듯, 차베스 또한 민주주의를 억압한다는 혐의가 짙다. 칠레의 좌파정부는 민주주의 절차만을 중시하다 역사청산의 첫발조차 내딛지 못하고 있으며, 룰라의 PT당은 부패에 찌들어 있다. 서구인들이 모든 지하자원을 파간 탓에 껍데기만 남은 볼리비아는 당장 끼니를 이을 걱정부터 해야 한다. 하지만 라틴아메리카인들은 고뇌를 거듭하다 결국 다시 왼쪽 길로 걷기 시작했다. 미래를 알 수 없는 불안한 길이지만 과감한 실험과 실천을 선택한 것이다.

라틴아메리카를 육로로 도는 내내, 느꼈던 그 행복감은 이루 말로 다할 수 없다. 이과수폭포, 티티카카호수, 안데스산맥, 마추픽추 등 끊임없이 두 눈을 매료시키는 자연 풍광과 고대문명의 자취도 물론 좋았다. 하지만, 무엇보다 광활한 대륙 곳곳에 흩뿌려져 있는 다양한 역사, 문화, 사람 이야기들이 이방인을 끝없이 사로잡았다.

리우데자네이루에서는 영화감독 페르난도 메이렐레스의 현란하면서도 서글픈 이야기를 들을 수 있었다. 영화 〈시티 오브 갓〉의 배경인 세계 최대의 빈민가를 오르는 길, 태어나서 연필보다 권총을 먼저 잡는 빈민가 소년들의 검은 눈망울이 세계 3대 미항의 새하얀 백사장보다 더 강렬하게 이방인을 사로잡았다.

브라질리아에는 르 코르뷔지에의 모더니즘 건축양식을 계승한 오스카 니마이어의 자취가 살아 숨쉬고 있다. 비록 모더니즘에 코뮤니즘의 정치적 이상을 결합하려던 그의 꿈은 좌절됐지만 유려한 곡선으로 물결치는 건물들의 향연은 순간 이방인의 숨을 멈추게 했다. 부에노스아이레스의 거리 곳곳에는 에비타의 자취가 배어 있다. 모피코트를 입은 채 가난한 사람들을 맞았던 '포퓰리스트' 에바 페론은 수많은 비판에도 불구하고 여전히 '셔츠를 입지 못한 노동자들'과 빈민들을 수호하는 여신으로 추앙받고 있었다.

코르도바. 〈모터사이클 다이어리〉의 그 가슴 벅찬 여정이 시작된 이곳에는 천식이라는 천형에 시달리면서도 세상을 향한 호기심을 멈추지 않았던 소년, 에르네스토의 흔적이 곳곳에 묻어 있다. 산티아고 근교 바닷가 마을 이슬라네그라에는 파블로 네루다가 말년을 보냈던 저택이 있다. 20살이 넘는 나이를 극복하고 '온 몸에서 시가 터져 나오게 하는 여인' 마틸데를 세 번째 부인으로 맞이한 네루다는 이곳에서 아옌데 사망 뉴스를 듣다 의식을 잃고 말았다. 산티아고 시민들의 말끝에는 위대한 시인이 세상에 내놓았던 언어의 물결들이 꼭 따라 붙었다.

라틴아메리카에는 죽기 전에 꼭 가 봐야할 여행지가 넘쳐난다. 거리 곳곳에는 역사, 문화에 얽힌 이야기들이 흩뿌려져 있다. 하지만, 무엇보다 라틴아메리카에는 사람이 있다. 수 미터가 넘는 날개를 쫙 펴기만 할 뿐, 미동도 하지 않은 채 해발 4천 미터 상공의 매서운 바람을 가르는 콘도르의 자태처럼 묵묵히 드넓은 대지 위를 걸어가는 사람들 말이다.

오늘도 묵묵히 걸어간다. 그들처럼 나도, 혹은 나처럼 그들도……

6개국, 12개 도시, 3만 킬로미터의 여정

2000. 07

대학생활 내내 같은 동아리에서 동고동락했던 선배 박정훈,

느닷없이 멕시코로 떠나겠다는 폭탄 선언을 하다. 서른이 되

기 전에 무언가 인생의 전환점을 만들고 싶다는 선포와 함께 지구 반대편 라틴

아메리카를 새로운 도전의 장으로 만들겠다는 당찬 결심을 굳히다. 이 냥반이

한쪽에 붙들어맨 로프처럼 나를 슬금슬금 라틴으로 몰고갈 줄이야……. 그때까

지만 해도 필자가 멕시코에 대해 알고 있던 지식은 '농민 게릴라'가 자주 출몰

하는 나라라는 정도? 말리고 싶은 마음 반, 응원하고 싶은 마음 반이 엇갈리는

가운데 결국 미지의 나라로 떠나는 그를 말없이 배웅하다.

2000. 12

졸업과 함께 기자 생활을 시작하다. 바쁜 직장생활에 몰두하다보니 지구 정반대편 남미의 존재 또한 서서히 잊혀져갔다. 선배가 그곳에 살고 있다는 사실도 함께…… .

2003. 11

영화 〈프리다〉가 국내 개봉하다. 칼럼을 쓰기 위해 시사회에 참석했다가 멕시코의 복잡다단한 사회상을 '프리다' 라는 필터를 통해 흥미롭게 바라보게 된다. 프리다 칼로, 디에고 리베라, 루프 마린, 트로츠키 등 걸출한 거목들이 멕시코 현대사의 일원으로 드라마틱하게 살아가는 모습에 감명을 받다. 디에고 리

베라를 중심으로 멕시코 미술에 본격적인 관심을 갖기 시작.

2004. 06

파블로 네루다의 《스무 편의 사랑의 시와 한 편의 절망의 시》를 생일 선물로 받다. 추상과도 같은 꼿꼿한 정치적 신념과 혀에 닿자마자 살살 녹는 체리아이스크림을 똑닮은 달콤한 서정이 서로 양립할 수 있다는 사실을 난생 처음 깨닫다. 영화 〈일 포스티노〉를 비롯해 네루다의 저서, 사진, 관련 영화들을 섭렵하는 계기가 된다.

2004. 11

홍대앞 인디 신神을 주로 찾던 반항적인 젊은이들과 무수한 영화 키드들은 체 게바라를 기꺼이 자신의 모티브, 또는 이상향으로 설정하기 시작. 2000년대 들어 영화 〈모터사이클 다이어리〉가 '청년 게바라'의 열정에 포커스를 맞추면서 보다 더 대중적인 체 게바라 열풍이 한국 사회를 강타했다.

2006. 03

오랜 직장 생활에 지쳐갈 무렵, 광화문 교보문고에서 마누엘 푸익의 《부에노스 아이에스 어페어》를 우연히 집어 들다. 왕가 위가 〈해피투게더〉를 만들 때 마음 속 원전으로 삼았던 소설이라는 멘트가 머릿속에 떠올라 천천히 첫 장을 넘겨보다가 선 채로 2시간 만에 완독해 버리다. '부에노스아이레스는 내 평생 꼭 한 번 가봐야할 곳'이라는 사명감에 가까운 감정이 불타오르다.

2006. 05

멕시코시티의 선배 박정훈에게 라틴아메리카 100일 육로 투어를 제안하다. 처음에는 말도 안되는 소리라며 고개를 절레절레 흔들던 그

는 조금씩 필자의 설득에 넘어간 끝에 결국 100일동안 육로로 남미를 횡단한다
는 말도 안되는 프로젝트에 시동을 걸다.

2006. 06

〈GQ〉 이충걸 편집장, 오스카 니마이어를 인터뷰해보라는 제안을 하다. 〈마리끌
레르〉 이지연 피처팀장, 브라질리아 탐방과 페르난도 메이렐레스 감독 인터뷰
를 제안하다. 〈프라이데이〉에서는 현지에서 격주로 꼬박꼬박 도시 기행 원고를
보내야 한다고 엄포.

2006. 06

회사에 다짜고짜 사직서를 집어던지다. 다행인지 불행인지
사직서를 휴직계로 바꿔주다. 불안한 마음과 새로운 세계를
향한 갈망이 교차하는 가운데 멕시코시티에 도착. 첫 2주
동안 꼬박 감기 몸살을 앓으며 집밖을 벗어나지 못하다. 가

까스로 몸을 추스른 채 멕시코시티의 거리를 어슬렁거리며, 또는 밤새 테킬라
잔을 기울인 채, 그도 아니라면 라틴 댄스가 넘쳐나는 밤 클럽을 서성이면서 꽤
많은 시간을 흘려보내다. 사람에게는 생체시계라는 것이 있다고 한다. 주어진
환경에 자신의 신체리듬을 완벽하게 맞추는 능력이 있다는 뜻이다. 도저히 적응
할 수 없을 것 같은 군대생활에 익숙해지는 것도, 매일 아침 눈을 비벼가며 회사
로 달려가는 일상이 가능한 것도 다 이 놀라운 인간의 환경 적응력 탓이다. 모처
럼 마음먹고 떠난 여행지에서 가장 큰 애로사항은 시차적응도 아니요, 입에 맞

지 않는 음식도 아니다. 바로 서울에서의 빡빡한 일상에 익숙해진 내 몸의 신체 리듬이 좀처럼 지금의 상황을 인정하지 않는 것이다. 지금 눈앞에 펼쳐지고 있는 평화로운 풍경을 과연 마음 편하게 지켜보고 있어도 되는 건지 헛갈리다 보면 어느덧 주어진 여행 일정을 훌쩍 넘기기 마련이다. 그렇게 한 달을 멕시코시티에서 방황하며 흘려보내다.

2006. 06

방랑객의 생체리듬으로 전환되자마자 본격적인 여행을 시작하다. 멕시코시티에서 버스로 10시간 가까이 달려 도착한 과나후아토와 과달라하라는 말 그대로 풍요로웠고, 하늘은 한없이 새파랗기만 했다. 어느덧 서울에서의 빡빡한 일상 따위는 저 하늘 멀리 사라지고, 21세기 노마드의 심정으로 유유자적 라틴아메리카의 땅에 내 흔적을 조금씩 남기기 시작하다.

　멕시코 북부 지역 여행을 마친 다음 페루 수도 리마로 이동하다. 원래 하룻밤만 숙박하고 리우데자네이루로 떠날 생각이었지만 일주일간 발이 묶이다. 황열병 예방주사를 맞지 않으면 브라질에 입국할 수 없다는 까다로운 검역 당국의 제지에 막혀 비행기를 놓친 것은 물론, 현지 보건소에서 독한 주사를 맞았다가 지독한 몸살감기

에 걸리는 후유증까지 앓고 말았기 때문. 하지만 그 덕분에 예정에 없던 페루의 수도 리마의 해변가, 미라플로레스를 마음껏 산책하는 즐거움을 맛보다. 출발 전에 일정을 완벽하게 짜 가는 건 더할 나위 없이 중요하지만 이 스케줄은 또한 깨지기 위해 존재하는 것이라는 진리를 새삼 깨닫다. 리마의 클럽에서 '라틴 댄스의 리듬'을 난생 처음 체험하다.

2006. 08

상파울루 도착. 상파울루 국제공항 새벽 공기는 차갑고, 덩치 큰 현지인들의 눈빛은 매섭기만 했다. 리우데자네이루에서는 10대 불량배들에게 강도를 당하는 대사건을 겪은 데다가 감당하기 힘든 브라질 현실의 무게가 쉴 새 없이 이방인의 심사를 뒤흔들어 놓기 일쑤였기 때문. 하지만 현존하는 세계 최고의 건축가 오스카 니마이어와의 조우는 그날 밤, 새벽까지 잠을 이루지 못하게 할 정도로 여행객의 마음을 달뜨게 하다. 세계 3대 미항을 한눈에 내려다보면서 갖가지 고기 요리를 입안에 조금씩 털어 넣는 그 묘미는 직접 가보지 않고서는 알 수 없다.

　브라질, 파라과이, 아르헨티나 삼국과 국경을 접하고 있는 이과수 폭포를 넘어가다. 〈인디애나 존스: 크리스털 해골의 왕국〉에 등장하는 것처럼 이과수 폭포를 둘러싼 풍경은 가히 지구의 것이 아니었다. 걸어서 국경을 넘은 뒤 황량한 아르헨티나 국경 마을에서 지난 여정을 다시 한 번 되짚어보다. 아직 가슴 한구석이 설레는 걸 보니 충분히 여행하지 않은 거다.

2006. 09

남미 여행 내내 가장 사랑했던 도시, 부에노스아이레스에 도착하다. 데카당스한 풍경 앞에 황홀한 심경을 감출 수가 없었다. 보카 주니어스, 에비타, 탱고, 왕가위, 마누엘 푸익 등등. 부에노스아이레스의 거리 곳곳에 펼쳐져 있는 문화의 향취에 흠뻑 젖어 한없이 행복하게 20여일을 흘려 보내다. 팜파스를 건너 도착한 코르도바에는 체 게바라의 체취가 도시 곳곳에 흩뿌려져 있었다. 그의 천식을 잠재웠던 코르도바의 따사로운 햇살에 취해 안데스 산맥을 넘다.

한 달이 마치 하루처럼 쓱쓱 지나가는 묘한 체험을 하다. 살바도르 아옌데와 시인 네루다의 자취가 곳곳에 남아 있는 산티아고에서는 역사의 묵직한 무게감을 체감하다. 장장 이틀 동안 버스에서 한 발짝도 움직이지 못한 채 아타카마 사막을 건너, 아리카를 거쳐 볼리비아로 넘어가는 길. 생경한 안데스의 풍경은 이방인의 눈길을 끊임없이 잡아챘다. 티티카카호수를 바라보며 애절한 감상에 젖다. 쿠스코에서 마추픽추 정상에 오르는 동안 그동안 육로로 달려왔던 거리를 재어 보니 무려 3만 킬로미터에 달했다. 콜카계곡에서 우여곡절 끝에 조우한 콘도르의 장엄한 자태를 바라보며 라틴아메리카 100일 투어가 드디어 끝을 향해 달려가고 있다는 예감에 가슴 저리는 기분을 맛보다.

2006. 10

리마에서 다시 멕시코시티로 돌아와 장장 100일에 걸친 라틴아메리카 투어를 끝내는 순간 '내 생애 또다시 이 거대한 대륙을 밟아볼 기회가 있을까'라는 긴

Epilogue

탄식과 함께 가슴 한구석이 조금씩 아려오기 시작하다. 여행을 사랑하는 그대 또한 이 기분이 무엇인지 공감하고 있을 터.

2007. 01

남미 향수병에 시달리다. 100일 동안 내가 본 것이 무엇이었는지 아득한 단계에 접어들다. 그것은 한낱 신기루에 불과했을까. 여행 내내 눈앞에 펼쳐졌던 그곳의 풍경은 과연 지상의 것이 맞기는 했던 걸까.

2008. 03

한동안 묵혀 두었던 남미에서의 기록들을 새롭게 꺼내들다. 책을 뒤적이다 가르시아 마르케스의 인상적인 멘트를 접하면서 책을 써야겠다는 결심을 굳히다. "카리브해와 남미에서는 그 어떤 일도 모두 벌어진다." 상상을 초월할 만큼 무수한 사건과 만남을 겪었던 라틴아메리카에서의 100일. 그 때를 돌이켜 보면 여전히 꿈인 듯 아득하다.

2010. 04

원고 정리를 하는 동안 지금 내가 남미에 있는지, 아니면 서울에서 고단한 일상을 이어가고 있는지 헷갈리는 단계로 접어들다. 나는 여전히 그곳에서의 100일이 코앞에 있는 양 달콤하면서도 가슴아린 꿈을 꾸곤 한다.

국립중앙도서관 출판시도서목록(CIP)

산티아고에 비가 내린다 : 세상 끝 남미로의 100일 로드무비/
박지호 지음. —서울 : 예담출판사, 2010
p. ; cm

ISBN 978-89-5913-442-7 03950 : ₩13000

여행기[旅行記]
라틴 아메리카[Latin America]

985.02-KDC5
918.04-DDC21   CIP2010001598

산티아고에
   비가 내린다

초판 1쇄 인쇄 2010년 5월 1일   초판 1쇄 발행 2010년 5월 10일

지은이 박지호 **펴낸이** 연준혁

출판 7분사_ 편집장 박경아
책임편집 오윤경 **제작** 이재승 송현주

펴낸곳 (주)위즈덤하우스 **출판등록** 2000년 5월 23일 제13-1071호
주소 경기도 고양시 일산동구 장항동 846 센트럴프라자 6층 **전화** 031)936-4000 **팩스** 031)903-3891
전자우편 wisdom7@wisdomhouse.co.kr **홈페이지** www.wisdomhouse.co.kr
출력 (주)플러스안 **종이** 화인페이퍼 **인쇄** 삼조인쇄 **제본** 대홍제책

ⓒ박지호, 2010

값 13,000원 ISBN 978-89-5913-442-7 03950